D1729671

UNIVERSITAS

ULI
ROTHFUSS

Uli Rothfuss, geb. 1961 in Ebershardt/Schwarzwald, lebt in Calw. Schriftsteller und Professor für Kulturwissenschaften, 2007-2013 Rektor der staatlich anerkannten IB-Hochschule Berlin. Mehr als 20 Buchveröffentlichungen, Vorsitzender der Europäischen Autorenvereinigung Die KOGGE, Mitglied im Internationalen PEN und des Institut International des Droits de l'Homme (IIDH), Strasbourg; korrespondierendes Mitglied der Académie Européenne des Sciences, Arts et Lettres, Paris. Einer der Vorfahren von Uli Rothfuss ist Elias Sprengerus, ehemaliger evangelischer Abt der Klosters Hirsau zwischen 1663 und 1665.

Uli Rothfuss

Urbild der Stadt

Über die poetische Konstruktion einer Stadt
Eintausend Jahre Kulturgeschichte in Calw und Hirsau
im württembergischen Schwarzwald

Ludwigsburg

Bibliografische Information der Deutschen Nationalbibliothek
Die Deutsche Nationalbibliothek verzeichnet diese Publikation in
der Deutschen Nationalbibliografie; detaillierte bibliografische
Daten sind im Internet über http://dnb.d-nb.de abrufbar.

Ludwigsburg: Pop, 2013
Reihe Universitas. Band 7
ISBN: 978-3-85356-60-7

1. Auflage 2013 - Völlig überarbeitete und erweiterte Fassung von
„ABC- Autoren, Bücher, Calw" Silberburg Verlag, Tübingen, 2001.
© Copyright Pop, Ludwigsburg, 2013
Alle Rechte vorbehalten

Druck: Pressel, Remshalden
Umschlaggestaltung: T. Pop
Autorenfoto: Privat

Verlag: Pop, Postfach 0190, 71601 Ludwigsburg
www.pop-verlag.com

Vorwort

Geistige Höchstleistungen entstehen zumeist auf der Grundlage von langfristigen Entwicklungslinien und Vernetzungen wichtiger gesellschaftlicher, sozialer und wirtschaftlicher Vernetzungen. Dieses Buch verfolgt am Beispiel der schwäbischen Kleinstadt Calw im Schwarzwald und ihres Nachbarortes Hirsau über 1.000 Jahre Geistes- und Kulturgeschichte an exponierten Vertretern aus Literatur, Wissenschaft, Theologie und Kunst nach. Dabei zeigt sich deutlich, dass wirtschaftliche Prosperität eine höhere soziale Sicherheit und gesellschaftliche Entwicklung erlaubt, damit auch geistige Entwicklungen ermöglicht. Dass es exponierte Gemeinwesen gibt, in denen Entwicklungen zu geistigen Höchstleistungen möglich sind – hier aus dem kleinen Calw und Hirsau ging der Literaturnobelpreisträger Hermann Hesse hervor, oder die weltberühmten Biologen und Pflanzenforscher Vater und Sohn Gärtner und Kölreuter, oder berühmte Theologen wie der Hirsauer Kloster-Erbauer und Erneuerer Abt Wilhelm oder, Jahrhunderte später, Abt Parsimonius. Kontinuitäten lassen sich erkennen, Spiegelungen der großen Zeitläufte – die auch die Auswirkungen des Ungeists z.B. der Zeit des Nationalsozialismus in geistige Entwicklungen hinein deutlich machen.

Wie geschieht diese poetische Konstruktion einer Stadt? Durch immer wieder Verdichtungen geistigen Schaffens, durch Transfer gesellschaftlicher und wirtschaftlicher Offenheit (v.a. auch Fremdem gegenüber) in geistige Entwicklungen hinein, durch die

Übertragung der Reaktion auf gesellschaftliche Notwendigkeiten in geistigen Ausdruck hinein. Dann kann Offenheit, Aufgeschlossenheit und Kleinheit, Provinz und Weltläufigkeit zu einer Leitlinie der Vernetzung von Wirtschaft, Bildung, Wissenschaft und Kunst, Literatur, führen und die Kultur- und Geistesgeschichte einer Stadt im Rückblick als Linie der Kontinuität herausgestellt werden.

Calw, im Juli 2013

Eine Einleitung:
Die Stadt ... ihre Geschichte ... ihre Kultur
... ihre poetische Konstruktion

Ich sehe Hermann Hesse vor mir, den großen Sohn dieser Stadt: Er sitzt, gut sechzigjährig, an seinem Schreibtisch im fernen Tessin und schreibt gerade am vierten Lebenslauf des Josef Knecht, am „Calwer Lebenslauf" des Romans Das Glasperlenspiel ... denkt vielleicht an Calw – an seine Kindertage, an das Angeln in der Nagold, an die Mitfahrt auf dem Floß ...

Wo beginnen: wie lässt sich das Thema, eintausend Jahre Geistesgeschichte einer Stadt, reduzieren auf die in diesem Städtchen am Rand des Schwarzwaldes entstandenen Bücher oder auf ihre Verfasser, auf die Verfasser schöngeistiger Werke zumal, auf Romanschriftsteller, Lyriker und Essayisten, Wissenschaftler? Schöngeistige Literatur, Dichtung gar, aufbauend auf dem, was über die Jahrhunderte hinweg an Geist gewirkt hat in diesem Land, in dieser Stadt; sie ist die Spitze der geistigen Leistungen, eine der Spitzen.

Runde eintausend Jahre Geistesgeschichte, vom frühen 11. bis ins 20. Jahrhundert, in Calw und Hirsau, dem kleinen, nagoldabwärts gelegenen, heutigen Schwesterort der Stadt im Nordschwarzwald, dessen große Klostergeschichte über lange Jahrhunderte Ausgangspunkt vielfältiger Wirkungen göttlichen wie auch menschlichen Geistes in nahezu die ganze damals bekannte

Welt hinaus war. Wir wollen nachverfolgen, was der menschliche Geist in diesen Orten und durch diese Orte Calw und Hirsau über die Jahrhunderte hinweg hervorgebracht hat. Auch, wie sich diese Orte in der Literatur wiederfinden und wie sie selbst durch diese eindrucksvolle Verdichtung menschlichen Geistes über die Jahrhunderte hinweg geprägt wurden.

Fast möchte es scheinen, als ob die Stränge der starken Geistesströmungen dieser Stadt über die Jahrhunderte hinweg in Hermann Hesse mündeten, den Dichter und Schriftsteller und sein literarisches Werk, weil er Zeiten und die „große Welt" in seinen Dichtungen zusammenbringt. Er greift Calwer Geschichten in seinen Werken auf und bringt Calwer Landschaften in diese ein, er erinnert mit vielen, wenn nicht mit allen seinen Büchern irgendwie an die Kinderheimat Calw und ist sich der großen geistigen Tradition dieses Ortes in der schwäbischen Provinz genauso bewusst wie etwa der großen Traditionen des Ostens von Indien bis China. Er hat seine Literatur über und aus Calw für die ganze Welt geschrieben, und seine Gedanken wecken bei Abermillionen Lesern nun schon seit vielen Jahrzehnten Empfindungen, Erinnerungen, Anklänge an eigenes Erlebtes, an Gewünschtes. Hermann Hesse weckt mit seinem Werk Sehnsüchte nach solch einer Heimat, wie er, der Dichter, sie besessen hat:

Die Stadt Calw liegt im schwäbischen Schwarzwald am Flüsschen Nagold und nährt sich seit alten Zeiten hauptsächlich von einem stark betriebenen Webereigewerbe. Daneben halten sich eine Anzahl von Kaufleuten, Handwerkern, Müllern und Holzhändlern, je nach dem Stand der Zeiten besser oder schlechter über Wasser ... Die schönen alten Bürgerhäuser kann man an den Fingern einer Hand abzählen ... nur die steinerne alte Nagoldbrücke mit der gotischen Brückenkapelle erinnert daran, daß das bescheidene, fleißige Nest mehr als nur zwei Jahrhunderte alt ist. Was ich Rühmliches und Herzliches von unserem Städtchen zu sagen habe, das gehört alles in den Kreis meiner Knabenerinnerungen, schreibt Hermann Hesse 1901 in seinem *Calwer Tagebuch* (Michels 1979, 41).

Autoren und Bücher haben letztlich immer, und das wird niemand bezweifeln, mit Geist zu tun: Und von diesem, zeitweilig sogar mächtig über die Jahrhunderte hinaus wirkenden Geist, geben auch im heutigen Calw vielerlei Spuren beredtes Zeugnis: Architektur, „gebliebene" Bücher, oder etwa weiterentwickelbare Wissenschaften, die auf „Calwer" Vorarbeiten gründen.

Kultur und Kulturtradition also ganz im Sinn, wie Friedrich Bran, einer der Calwer Vordenker des „Verbunddenkens" von Kultur als Zusammenwirken und Ineinandergreifen zivilisatorischer Techniken, es verstanden wissen möchte: *Kultur wollen wir dabei als den Verbund aller ihrer Teilgebiete auffassen, also von Religion, Philosophie, Erziehung, Kunst, Literatur, Musik bis hin zu Naturwissenschaften, Technik, Wirtschaft und Politik. In allen diesen kulturellen Teilgebieten wirken nämlich menschliche Geistes- und Gemütskräfte zur Gestaltung des Zusammenlebens ...* (Bran 1985, 1f.).

Calw ist nicht die Welt, aber in dem Reichtum seiner geistigen Traditionen ein Sammel- und Ausgangspunkt vieler bedeutender Strömungen und Personen, und damit dann eben doch „die Welt im Kleinen" – denn, wie Goethe seinerseits aus dem kleinen „Weltstädtchen Weimar" schreiben konnte: *Wer lange in bedeutenden Verhältnissen lebt, dem begegnet freilich nicht alles, was dem Menschen begegnen kann, aber doch das Analoge und vielleicht einiges, was ohne Beispiel war.*

Hermann Hesse, der große Sohn der Stadt Calw, formulierte dies so: *Das Höchste ist nicht die Persönlichkeit, über ihr steht das Überpersönliche. Aber die höchste Gemeinschaft ist auch nichts ohne bedeutende Persönlichkeiten. Beides zusammen erst ergibt ein Ganzes* (aus: Bran 1985, 2).

Es gibt auch im heutigen Calw Menschen des Geistes, die ihren Beitrag zur Geistesgeschichte der Stadt leisten; hier stellte sich die Frage, wo zu beginnen, wo aufzuhören; deshalb wurde darauf verzichtet, Lebende aufzunehmen, mit einer Ausnahme im Kapitel bei den Dialektgedichten – und diese „Geistesgeschichte einer Stadt", die „literarische Vermessung und poetische Konstruktion eines Gemeinwesens" zu beschränken auf jene, die diese Erde bereits verlassen haben.

1. Frühe Zeugnisse: Sagen, Legenden und Minnesänger.

Es soll eine uralte Calwer Legende sein, das Märchen vom Mann im Mond: von dem Mann, der eines Sonntags in den Wald ging und Holz stahl und für diese Tat zur Strafe in den Mond hinaufgeschickt wurde, wo er heute noch umherlaufen und mit dem Reisigbündel auf dem Rücken auf die Erde niederschauen muss. Das angezündete Reisigbündel beleuchtet den ganzen Mond, sodass wir ihn leuchtend am Himmel sehen. Eine Legende aus alter Zeit, die während der deutschen Romantik Eingang fand in **Ludwig Bechsteins (1801-1860)** *Deutsches Märchenbuch*, das 1845 zum ersten Mal erschien.

Aber auch die anderen großen Sammler deutschen Volksgutes, die Gebrüder **Jacob (1785-1863)** und **Wilhelm Grimm (1786-1859)**, haben sich einer alten, in Calw beheimateten Erzählung angenommen und sie im zweiten Band ihrer *Deutschen Sagen* 1818 für ganz Deutschland zugänglich gemacht: Graf Hubert von Calw, voll schlechten Gewissens über seine Macht und seinen Reichtum, entsagt seiner Stellung, seiner Familie, und verdingt sich „gegen die Schweiz zu", in Deißlingen bei Rottweil als Kuhhirte; nur einmal noch kehrt er nach Calw zurück, unerkannt, als Bettler, gerade, als seine Frau das zweite Mal heiratet, lässt seinen goldenen Ring in den angebotenen Becher voll Wein fallen und kehrt zu seinen Herden zurück, bis an sein Lebensende.

In die Reihen der Heiligen der katholischen Kirche wurde **Willebold (gest. um 1230)** aufgenommen. Willebold wurde wohl im 12. Jahrhundert in Calw geboren und machte sich auf in das Heilige Land; von dieser Pilgerreise zurückgekehrt, starb er in einer Scheune in Berkheim im Illertal. Eine uralte Tradition weiß zu berichten, dass bei seinem Tode die Glocken der Pfarrkirche zu Berkheim im Illerteil von selbst zu läuten begannen. Zugleich habe sich die Luft mit himmlischer, zarter Musik erfüllt. Als nach seinem Tod die Verehrung mächtig einsetzte, wurde sein Leichnam 1273 vom späteren Propst Berthold von Marchtal in die Pfarrkirche zu Berkheim überführt. Dass bis heute seine Verehrung sehr lebendig geblieben ist, ist zum größten Teil das Verdienst des Prämonstratenserklosters von Rot an der Rot bei Biberach. Willebold gilt als Patron des Illertales, die Pfarrgemeinde von Berkheim feiert jährlich das Willebold-Fest am Sonntag nach dem 16. Juli.

Einer der ganz frühen wirklichen „Wortkünstler", der von Calw aus seine Literatur in die damals bekannte Welt hinaustrug, war **Albrecht Pilgrim Ritter von Buochein (13. Jahrhundert)**, einer der wenigen namentlich bekannten Minnesänger. Wegen seines unsteten Wander- und Wallfahrerlebens wurde er nur *Pilgrim* oder *Pelegrinus* genannt. Urkundlich bezeugt ist seine Person in den Jahren 1251 bis 1282 – er war einer der unzähligen Dichter, die im hohen Mittelalter durch die Lande zogen und ihre Kunst, Gedichte und Lieder, an Höfen und beim Adel vortrugen. Dabei muss er aber doch bedeutend genug und von einer besonderen Eigenart gewesen sein, dass der berühmte *Codex Manesse*, die große Heidelberger Liederhandschrift, nahezu einzige Quelle des sogenannten „Minnesangs Frühling", ausgerechnet diesen Ritter von Buochein mit mehreren Liedern berücksichtigt. Eines davon ist die Totenklage um Gottfried V., den letzten Grafen von Calw (1219-1262), und will dessen Charakter und Bedeutung bleibenden Ausdruck geben. Graf Gottfried hatte Buochein mit einem Rittergut in Binswangen belehnt. Der Dichter preist seinen Gönner als wehr- und tugendhaften Helden und ist von dessen Tod selbst tief betroffen. Ins Neuhochdeutsche übertragen lauten seine Verse:

Wenn tüchtige Herren sterben,
voll Eifer, sich Ehre zu erwerben –
ihr Tod ist bösen Herren lieb,
der Wackre aber leidet.
O weh über die große Beschwer:
Der brave Calwer Herr
Ist zu früh dahin, der als ganzer Mann nach
hohen Ehren streitet;
ein auserwählter Held, sehr tapfer und mannhaft
im Streben.
Sein Tod ward mir mit Schmerz bekannt -
wäre der Tugendreiche noch am Leben,
wie viel höher schätzten wir doch die Herrn im
Schwabenland!

Auf Tafel 88 einer Handschrift in einer Miniatur der Großen Heidelberger Liederhandschrift ist ein **Minnesänger von Stamheim (13. Jahrhundert)** benannt, er könnte aus dem Dorf Stammheim nahe Calw, heute eingemeindet, stammen, vermutlich ein Sänger aus dem niederen Adel der Ministralen, die es als Beamtenschaft der Grafen von Calw in Stammheim gegeben hat (Schnierle-Lutz 2007, 69). Das Lied in der Heidelberger Liederhandschrift ist wohl Mitte des 13. Jahrhunderts entstanden und wird der „höfischen Dorfpoesie" (Schnierle-Lutz, a.a.O.) zugerechnet.

Vor dem Walde in eime tal.
da sach man swarze blitzen.
da si ze samen kamen,
unde mangen kranz.
Die megde wurfen och den bal,

sie begunden strichen,
darnach huob sich des meien ein vil michel tanz,
den sang in bele vor un manig ir gespil.
Vroide vil haten sie: in was wohl, got helfe uns hie.

Freie Übertragung:

Vor dem Walde in einem Tal,
da sah man Tanzkleider leuchten,
als sie zusammenkamen,
und manchen Kranz.
Die Mädchen warfen auch den Ball
und machten sich bereit,
danach begann der große Tanz in den Maien,
zu dem ihnen Bele vorsang und viele ihrer Gespielinnen.
Freude hatten sie: so ihnen dort wohl war, helfe uns Gott hier.
(Schnierle-Lutz 2007, 69f.).

Die Autoren (Werkauswahl):

Bechstein, Ludwig
Thüringische Volksmärchen. 1823, *Die Haimons-Kinder.* Gedichte. 1830, *Arabesken.* Novellen. 1832, *Grimmenthal.* Roman. 1833, *Deutsches Märchenbuch.* 1845.

Buochein, Albrecht von:
Gedichte. In: *Die Große Heidelberger Liederhandschrift* (Codex Manesse). Hrsg. Von F. Pfaff. Bearb. Von H. Salowsky. Heidelberg: *Winter* 1984 (Spalten 890ff., hier Sp. 892).

Grimm, Brüder:
Kinder- und Hausmärchen. 2 Bände. 1812, 1815.
Deutsche Sagen. 2 Bände. 1816, 1818.
Deutsche Mythologie. 1835.
Deutsches Wörterbuch. 1854.

Minnesänger von Stamheim:
Lied in: *Die große Heidelberger Liederhandschrift* (Codex Manesse), a.a.O.

14

2. Die Geistlichkeit. Ewigkeit und Vergänglichkeit.

Die frühen Generationen von Buchschreibern in Calw und Hirsau waren oft, wie kann es anders sein, bedeutende Kirchenmänner. Gerade Klöster waren Sammelpunkte der geistlich und geistig Gebildeten, oftmals die einzige gesellschaftliche Gruppe, die über eine literale Bildung verfügte.

Im Jahre 1065 kamen Mönche mit Abt Friederich aus Kloster Einsiedeln nach Hirsau, unter ihnen der **Mönch Nogger (Noker)**, der sich an der Reformierung des bereits seit etwa dem achten Jahrhundert bestehenden Klosters in Hirsau beteiligte und am 23. März 1091 für das neu gegründete Kloster Zwiefalten als Abt Noggerus geweiht wurde. Ihm wird das berühmte frühmittel-hochdeutsche, in alemannischer Mundart um 1070 verfasste *Memento Mori* zugeschrieben. Es beginnt mit den Worten (übertragen):

Nun gedenket, Weib und Mann, wohin ihr gelangen sollt. Ihr liebt diese Vergänglichkeit und wähnt, immer hier sein zu können. Doch wie lieblich sie euch auch dünkt, ihr werdet sie nur eine kurze Zeit haben. Ihr mögt noch so gerne lange Zeit leben, ihr müsst doch dieses Leben verwandeln.

Der berühmte Abt **Wilhelm von Hirsau (ca. 1026-1091)**, bedeutendster Kirchenmann, der aus dem Hirsauer Kloster hervorgegangen ist, wurde als „moderner Orpheus und Pythagoras" bezeichnet, „ein Mann von großer geistiger wie praktischer Tatkraft" (Schnierle-Lutz 2008, 61). Er galt als das Universalgenie der zweiten Hälfte des 11. Jahrhunderts, „ein Erfindergeist, der theoretisches Wissen mit praktischen Fähigkeiten" kombinierte (Gebauer/Würfele 2005, 13).

Abt Wilhelm war einer der einflussreichsten Kirchenmänner seiner Zeit, und der von seinem Wirken ausgehende Hirsauer Einfluss in die abendländische christliche Welt ist noch heute Anlass für eine Vielzahl von Forschern, Hirsau in den Mittelpunkt ihres Interesses zu stellen. Neben seinen Studien in der Theologie arbeitete Wilhelm über Philosophie, über Astronomie und Musik. Sein Biograph Haymo von Sankt Emmeran in Regensburg berichtet über Wilhelms Wesen: „Obgleich die Strenge der mönchischen Lebensweise in diesem Kloster ein wenig abgenommen hatte, so schritt er selbst doch durch die Gnade Gottes darin zu immer größerer Vollkommenheit fort, wurde deswegen auch von den Nachlässigen und Lauen sehr gefürchtet, von den Guten und Frommen aber wegen der Unschuld und Reinheit seines Lebens überaus geliebt" (Schultis 1986, 159), an anderer Stelle: „Mit seinem tiefen Ernst verband sich bei Wilhelm eine herzliche Freundlichkeit, durch die er die Herzen der Menschen auf sanfte Weise gewann. Keinem neidisch, war er verschwenderisch in seiner Liebe und in seiner Freigebigkeit überwältigend" – so charakterisierte der Wilhelm-Biograf Haimo von Emmeram den Abt (nach Urban 1991, 90).

Und Wilhelms Nachfolger im Amt des Klosterabts, einige Jahrhunderte später, der protestantische Abt Johannes Trithemius, feiert Abt Wilhelm mit folgenden Worten: „Er war ein äußerst scharfsinniger Philosoph und in der wissenschaftlichen Auseinandersetzung so gründlich, dass er beinahe von keinem widerlegt werden konnte. Auf dem Gebiet der Musik glänzte er durch eine seltene Gelehrsamkeit, insbesondere dadurch, dass er zum Lobe der Heiligen mehrere Gesänge mit lieblicher Melodie komponiert hat. Weiter ist er in den Fächern Mathematik und Astronomie, in

16

der Arithmetik (Wissenschaft von den Zahlen) und der Rechenkunst so bewandert gewesen, dass, da er ohnehin auf allen Feldern der Gelehrteste gewesen ist, sich der Eindruck aufdrängt, er habe sich in diesen Wissenschaften in beispielhafter Weise erfolgreich hervorgetan" (aus Urban 1991, 21).

In der Person des Abtes Wilhelm spiegelt sich in vielem die Zeit des Mittelalters wider – eine Zeit, die in Hirsau geprägt war vom benediktinischen Mönchtum und der faszinierenden Lebensweise im Kloster des Ordens des Heiligen Benedikt. Die einzige erhaltene Abbildung von Wilhelm, ein Bildnis aus dem Reichenbacher Schenkungsbuch, zeigt ihn als asketisch vergeistigten Mann mit eingefallenen Wangen und wachem, leuchtendem Blick, und dieses Bild passt hervorragend zu dem, wie Wilhelm im täglichen Klosterleben beschrieben wird.

Hier, im Kloster Hirsau, hatte Papst Leo IX. im Jahr 1049 Station gemacht, als er seinen Neffen, den Grafen Adalbert II. von Calw, besuchte. Wilhelm kam zwanzig Jahre später aus Regensburg hierher in das damalige Aureliuskloster, am 28. Mai 1069, und machte sich schon bald als Reformer des klösterlichen Lebens in den Auseinandersetzungen zwischen Kaiser und Papst einen Namen. Abt Wilhelm stellte sich beim Pfingstgottesdienst des Jahres 1077 in der Hirsauer Sankt-Aurelius-Kirche auf die Seite des anwesenden Gegenkönigs Rudolf von Schwaben und damit an die Seite von Papst Gregor VII.; dies zeigt, dass die cluniazensischen Reformen auch in Hirsau übernommen und sogar in der Folge noch weiterentwickelt worden waren. Es war Ausdruck der wachsenden Bedeutung Hirsaus, die mit der verbrieften Anerkennung des Klosters von weltlichen Herrschern im Freiheitsbrief Kaiser Heinrichs IV., dem *Hirsauer Formular* aus dem Jahr 1075, begonnen hatte; diese Unabhängigkeit wurde später durch Papst Gregor VII. bestätigt.

„Abt Wilhelm besaß Zeitzeugen zufolge eine außergewöhnlich umfassende Bildung. Er war nicht nur ein Theologe, der sich tief in das spirituelle Wesen des Benediktinertums eingearbeitet hatte, sondern auch ein Kenner der Literatur der antiken Klassiker, und er besaß in den Bereichen der Musik, Arithmetik, Geometrie und Astronomie profunde Kenntnisse. Über Musik und Astronomie verfasste er Lehrbücher, die nicht erhalten geblieben sind, im Astronomischen Museum der Stadt Augsburg ist aber ein von ihm zu Lehrzwecken entworfenes, in Stein gehauenes Astrolab zu sehen, mithilfe dessen er die Bewegung einzelner Gestirne, besonders Sonne und Mond, aufzeigen konnte" (Schnierle-Lutz 2007, 62).

Wilhelm schuf hier in Hirsau seine in der ganzen abendländisch-christlichen Welt berühmt gewordenen *Constitutiones Hirsaugienses,* die weit über Hirsau hinaus in viele Klöster zwischen Sachsen, Niederösterreich, Kärnten und Friaul hineinwirken sollten. In dieser *Hirsauer Klosterverfassung* wurde das klösterliche Leben bis ins Einzelne geregelt – und das immer unter dem Leitgedanken der Armut, des Gehorsams und der Ehelosigkeit; auch Männer, die nicht Priester werden wollten oder konnten, wurden in das Kloster aufgenommen, sie wurden „Bärtlinge" genannt. Das Stillschweigen, die feierliche Liturgie und die Prozession kennzeichneten diese besondere Frömmigkeit als Grundlagen des Hirsauer Mönchtums, welche von Wilhelm schließlich in den *Consuetudines Hirsaugiensis* (etwa: *Hirsauer Gepflogenheiten*) niedergelegt wurden.

Das Aureliuskloster gewann so sehr an Zulauf, dass Wilhelm 1082 mit dem Bau des neuen Klosters Sankt Peter und Paul in Sichtweite auf dem gegenüberliegenden Berg begann (zuerst wurde die romanische Basilika vollendet und 1091 geweiht), das den Ruf Hirsaus weit über den süddeutschen Raum hinaustragen sollte. (Siehe auch Bran 1985, 4).

Ein bedeutender Schüler Wilhelms war **Peregrinus**, wie **Konrad von Hirsau (1070-1150)** auch genannt wurde. Er trat schon in jungen Jahren in das Kloster Hirsau ein, wo er den Unterricht

18

Wilhelms genoss und unter Abt Gebhard und dessen Nachfolgern selbst als Lehrer an der Klosterschule wirkte. Unter den ihm zugeschriebenen Schriften kann nur der *Dialogus super auctores sive Didascalon* als echt gelten – es handelt sich bei diesem *Dialog über Autoren oder Lehrschrift* um eine Einführung in die damals in den Klosterschulen gelesenen antiken und christlichen Autoren, aus der man ersehen kann, wie die römischen Schriftsteller und Dichter in den Klöstern der strikten Observanz, zu denen Hirsau gehörte, behandelt wurden; ihre Lektüre diente in der Hauptsache dem Unterricht in der lateinischen Grammatik und Metrik, der Inhalt wurde durchaus nach den Maßstäben der christlichen Moral beurteilt.

Die vielen, von Hirsau aus initiierten Neugründungen von Klöstern sind lebendige Zeichen seiner besonderen Bedeutung für die christliche Welt des Abendlands; der Hirsauer Einfluss gründete vor allem aber auf dem wahrhaften und aufrichtigen Leben der Mönche. Zu den vielerlei Kontakten, über die der Hirsauer Konvent auch nach dem Tod Wilhelms noch verfügte, gehört der Briefwechsel mit **Hildegard von Bingen (1098-1179)**. Es geht in den 19 Briefen des Konvents des Hirsauer Kolsters an Hildegard darum, wie mit entlaufenen Mönchen umgegangen werden soll, oder um Fragen der Barmherzigkeit und der Amtsausübung des jeweiligen Abtes. Damit stand auch eine der ganz großen religiösen Persönlichkeiten und Dichterinnen der Zeit in Kontakt mit dem Hirsauer Kloster.

Ein wacher Geist seiner Zeit war der Theologe **Jodokus Eichmann (+ 1489)**, auch Jost von Calw genannt, der zu Beginn des 15. Jahrhunderts in Calw geboren worden war. Er legte 1441 das Bakkalaureatsexamen, 1444 das Magisterexamen an der Artistenfakultät in Heidelberg ab. 1453 promovierte er zum Dr. theol., er war später ein angesehener Professor der Theologie in Heidelberg und Prediger an der dortigen Heiliggeistkirche, 1459 gar Rektor der Universität. Er verfasste Predigten, erbauliche

Schriften und ein *Vocabularium praedicantium* (Prediger-Handbuch), die weite Verbreitung in kirchlichen Kreisen fanden. Dem Armenhaus seiner Vaterstadt Calw schenkte Eichmann 1487 zu seiner und seiner Vorfahren Seelenheil seine Erbgüter in Kentheim (Gebauer/Würfele 2005, 17) – ein früher Beweis der „Vernetzung" geistigen, geistlichen Handelns mit sozialverantwortlichen Aktivitäten.

Johannes Trithemius (1462-1516) wurde Johannes Heidenberg genannt, ein Benediktinerabt, Historiker und Humanist, aber auch einer der berühmtesten Okkultisten seiner Zeit, dem **Agrippa von Nettesheim** sein grundlegendes Werk über die okkulte Philosophie (1510) zueignete. 1482 war er in den Benediktinerorden eingetreten. Durch seine Gelehrsamkeit, aber auch durch seine Sammlung von Handschriften und von Drucken machte er das Kloster Sponheim zu einem Zentrum des deutschen Frühhumanismus. Trithemius wirkte als Reformabt der Bursfelder Kongregation in Sponheim. Dieser Reformbewegung gehörte Hirsau seit 1480 an. Auf Bitten der Hirsauer Äbte Blasius Scheltrub (Amtszeit 1484-1503) und Johannes Hannßmann (Amtszeit 1503-1524) brachte Trithemius die Geschichte des Klosters Hirsau zu Papier. Die von ihm verfassten Werke *Hirsauer Chronik* (*Chronikon Insignie Monasterii Hirsaugiensis*) und *Hirsauer Jahrbücher* (*Annales Hirsaugiensis*) sind von größter Wichtigkeit für die gesamte Bildungsgeschichte Deutschlands, denn sie geben nicht nur Einblicke in die Geschichte des Klosters Hirsau, sondern auch in die Kirchen- und, damit verbunden, in die Bildungsgeschichte weiter Phasen des späten Mittelalters.
Johannes Trithemius galt aber „als Fabelhans" und manche bezeichneten ihn als „Geschichtsfälscher" (Molitor 2004, 181). Für seine Auftragswerke griff er auf Quellen zurück, die heute noch die wesentlichen Informationen über die Hirsauer Geschichte vermitteln – wesentlich der *Codex Hirsaugiensis,* eine heute im Hauptstaatsarchiv Stuttgart verwahrte, aus 70 Pergamentblättern bestehende Handschrift.

20

Trithemius starb 1516 als Abt des Würzburger Schottenklosters. **Umberto Eco** würdigt ihn in seinem Roman Das Foucaultsche Pendel: *Faszinierend der Kerl, dieser Trithemius, Benediktinerabt in Sponheim, auf der Wende vom 15. zum 16. Jahrhundert, ein Gelehrter, der Hebräisch und Chaldäisch konnte, dazu orientalische Sprachen wie das Tatarische; stand in Verbindung mit Theologen, Kabbalisten, Alchimisten, sicher mit dem großen Cornelius Agrippa von Nettesheim und vielleicht auch mit Paracelsus.*

Nach der Reformation

Aber auch evangelische Äbte wirkten von dem Kloster aus, nach der Reformation in Württemberg im Jahr 1534; im späteren 16. Jahrhundert war dies ein besonders einflussreicher, der zweite evangelische Abt in Hirsau, Johannes Karg aus Augsburg, der sich der Mode der Zeit entsprechend den Namen latinisieren ließ: **Johannes Jacob Parsimonius (1525-1588).** In Augsburg als Sohn eines Schumachers geboren, studierte Parsimonius zuerst in Tübingen und dann in Wittenberg bei Melanchton und Luther. Nach Hirsau kam er erstmals in den Jahren 1542 und 1543 – in den Jahren, als die Universität Tübingen wegen der in der Stadt grassierenden Pest hierher ausgelagert worden war. 1569 wurde Parsimonius nach verschiedenen Ämtern im württembergischen Kirchendienst zum Abt in Hirsau berufen, er erhielt den „Abtey-Staat und Begnadigungs-Brieff", darüber hinaus war er Leiter und Lehrer an der Klosterschule, Vorsteher des Hirsauer Klosteramts, zu dem acht Dörfer, mehrere Höfe und Zehntbereiche gehörten, verbunden mit dem Amt war ein Sitz im württembergischen Landtag (Gebauer/Würfele 2005, 27).

Johannes Jacob Parsimonius war aber nicht nur ein vielseitiger Theologe, sondern veröffentlichte auch mathematische und musikwissenschaftliche Lehrschriften und historische Werke. Und er blieb zeitlebens ein streitbarer Prälat, der nicht immer ein bequemer Zeitgenosse war, weder für die Kirche noch für die Obrigkeit. Ein wichtiges Sammelwerk, die 1579 zusammengestellten *Collectaneen* zur Geschichte Hirsaus, gelangte über Umwege bis zur herzoglichen Bibliothek in Wolfenbüttel, wo es sich heute noch befindet – und wo es **Gotthold Ephraim Lessing**, Bibliothekar in Wolfenbüttel, fand („als ob es der ehrliche Karg, ausdrücklich für mich zu meinem gegenwärtigen Behufe geschrieben hätte") und für seine Aufsätze über die *Ehemaligen Fenstergemälde im Kloster Hirschau* benutzte.

Noch ein interessantes Werk dieses Abtes Parsimonius ist überliefert, das uns heute Auskunft über das Hirsauer Klosterleben im 16. Jahrhundert gibt: es ist ein Sammelband mit Niederschriften, unter anderem eine *Abschrift des Gemelds zu Hirsau im Kloster,* 1579, von der Hand des Parsimonius geschrieben; dieses Konvolut befindet sich heute in der Württembergischen Landesbibliothek in Stuttgart.

„Ich komme nur selten aus meinem Studierstüblein heraus", ist als Ausspruch von Parsimonius überliefert, und man kann dies ohne weiteres nachvollziehen, wenn man bedenkt, was alles er in seine *Collectaneen* aufgenommen hat: so zum Beispiel auch einen Katalog der ehemaligen Hirsauer Klosterbibliothek. Diesen hatte er offenbar im Kloster vorgefunden – und später sollte wiederum Lessing aus Wolfenbüttel über dieses Fundstück berichten.

Parsimonius hat sich außerordentlich verdient gemacht um die Erhaltung des Erbes des Klosters Hirsau. Er sah sich 1571 veranlasst, „unter Aufwendung seiner gesamten Diplomatie und Beredtsamkeit den evangelischen württembergischen Herzog Ludwig davon zu überzeugen, dass die Malereien in der Klosterbasilika, welche in über 200 Szenen das Alte und Neue Testament darstellten, einer Renovierung wert seien: d*arüber einem das Herz lacht und brendt, wenn er also die gantz bibel und alle derselben historien und sprüch vor ihm sieht und listet, und in einer stund mit lust kann lernen und fassen, welches sonst nicht wol in langer zeit haun geschehen.* Er gipfelte darin: *Das große biblische Gemeld ist so ein schön artliche pictur, der gleichen im ganzen Teutschland,* *oder schier in Europa kaumet zu finden (*Neumüller-Klauser 1991, 483).

Johannes Jacob Parsimonius starb 1588 in Hirsau.

Wie weitläufig die Kontakte des Parsimonius zu Gelehrten seiner Zeit waren, zeigt sein Austausch mit dem berühmten Professor **Martin Crusius (1526-1607)**, wie sich der als Martin Kraus geborene Gelehrte nannte. Crusius, Sohn eines Pfarrers bei Bamberg, war nach seiner Schulzeit in Ulm im Jahr 1545 nach Straßburg und im Jahr 1559 als Historiker und Professor für Griechisch an die Universität nach Tübingen gekommen. 1563 besuchte Crusius seine Frau in Liebenzell, der Rückweg führte ihn über Hirsau. Dort lernte er vermutlich Parsimonius kennen. Parsimonius und Crusius blieben in den folgenden Jahren in brieflichem Kontakt. Crusius pflegte darüber hinaus regen Briefwechsel mit Kollegen und Gelehrten aus ganz Europa, Asien und Afrika. Sein Grabstein befindet sich noch heute in der Sankt-Georgs-Kirche in Tübingen. Zu seinen Lebzeiten verfasste Crusius insgesamt 78 Werke in lateinischer und griechischer Sprache, darunter die *Oratio De Vetustissimo Wirtembergensis Ducatus Oppido Calva Et De Generosis Illustribusque Eius Rectoribus,* übersetzt *Rede über die sehr alte im württembergischen Herzogtum gelegene Stadt Calw und über deren edle und berühmte Führer.* Von seinen Arbeiten an seiner Schwäbischen Chronik, die er von 1588 bis 1593 schrieb, behauptet er selbst, er habe „solche mit einer einzigen Feder und alle Zeit stehend, nie sitzend, concipirt".
Martin Crusius, der berühmte Historiker, der 1594 mit der Philosophischen Fakultät der Universität Tübingen für ein Semester in Calw und Hirsau weilte, beschrieb diese so: *Die Stadt ist ziemlich schön. Vom Niedergang (Westen) sind die Berge aber so nahe, daß man von dannen fast einen Stein auf den Markt werfen kann, welcher sehr lang ist. Die Kirche ist schön und liegt am Hügel und hat zwei Kanzeln (aus der Zeit der Religionsgespräche herrührend) ... Die Stadt hat gute Brunnen und eine gesunde Luft ...*

Die Stadt hat ihren Namen vom kahlen Berg, worauf Graf Adalbert von Kalw sein Schloß baute. Jetzt gehört sie dem Haus Wirtemberg (Crusius 1595, nach Rheinwald/Rieg 1952, 34f.). Hier also auch Hinweise auf Calws Bedeutung als wahrnehmbares „geistiges Zentrum": Religionsgespräche haben hier stattgefunden, eine Lateinschule gab es, und die Universität Tübingen verlegte immer wieder (z.b. 1590, 1594, 1611) Teile ihres Betriebes nach Calw und Hirsau, was zeigt, dass die Stadt entsprechende Räumlichkeiten besaß und wohl auch einen entsprechenden Ruf, „denn ein völlig kulturloses Provinznest hätte man den Professoren und Studenten auch in Notzeiten nicht zugemutet" (Schnierle-Lutz 2008, 20).

Christoph Luz (1596-1639), nach der Schule im Kloster Adelberg bei Göppingen und dem Studium der Theologie in Tübingen als Präzeptor (Lehrer an einer Lateinschule) im Jahre 1621 in Brackenheim, war 1622 Konrektor am Stuttgarter Pädagogikum, 1627 Rektor am Gymnasium in Heilbronn und ab 1634 in Calw wieder Präzeptor. Dass er vom Rektor wieder zum einfachen Präzeptor und Schullehrer wurde, erklärt Luz selbst: Ein feindliches Geschick und die Zunge des Neides, die gute Männer nie zu verschonen pflege, habe ihn in diese Stellung vertrieben. Luz wird als hervorragend begabter Mann geschildert, dem die Kenntnis von sieben (manche sprechen sogar von neun) Sprachen zugeschrieben wird. Auch er hat ein literarisches Andenken hinterlassen: die Elegie V*irgae divinae,* ein ebenso poetisches wie plastisch anschauliches Werk. Der volle Titel der Elegie lässt sich übersetzen mit: *Denkmal der am 10. und 11. September 1634 über die wirtembergische Stadt Calw verhängten Zuchtrut, der Nachwelt geweiht auf Veranlassung des Dr. theol. Johann Valentin Andreä durch die ihn vertretende Feder des Christoph Luz von Göppingen, gekrönter Dichter.*
Dieses Gedicht beschreibt in 2084 Versen die Zerstörung Calws nach der Schlacht bei Nördlingen im September 1634 – „ein wertvoller Beitrag zur Geschichte des Dreißigjährigen Krieges"

24

(Gebauer/Würfele 2005, 28). Luz war, anders als Johann Valentin Andreä, der mit seiner Familie während der Schreckenstage im Jahr 1634 aus Calw geflohen war, in Calw geblieben und hatte damit das ganze Ausmaß der Katastrophe erlebt, die mit schrecklicher Wucht über die Stadt hereingebrochen war, sie verwüstet und einem großen Teil der Bevölkerung das Leben gekostet hatte. Mit diesem dichterischen Zeugnis hat er einen in seiner Wichtigkeit kaum zu überschätzenden Beitrag zur Kulturgeschichte des Dreißigjährigen Krieges geleistet. Luz wurde als poeta laureatus (gekrönter Dichter) geehrt, der damals höchsten Auszeichnung für dichterisch Tätige.

Johann Valentin Andreä (1586-1654), ein Zeitgenosse Luz', war der weithin bekannte Dekan im Calw des 17. Jahrhunderts, der später noch Kirchenkarriere machen und zum Prälaten und Hofprediger aufsteigen sollte, und sogar der böhmisch-mährische Theologe Comenius bezeichnete Andreä als seinen „wichtigsten Lehrer" (Bran 1985, 7); ein großer Bewunderer Andreäs war Johann **Gottfried Herder (1744-1803)**, der protestantische Theologe, Geschichtsphilosoph und Schriftsteller in Weimar, der 1786 das Vorwort zu *J.V. Andreäs Dichtungen zur Beherzigung unseres Zeitalters* schrieb und ihn einen „ausübenden Lehrer der echten Menschenliebe und Menschenweisheit" nannte (Bran 1986, 119). Andreä, Enkel des berühmten Tübinger Theologen Jakob Andreä, kann als universaler Geist der ausklingenden Renaissance bezeichnet werden – er gilt als der gebildetste Theologe seiner Zeit. Er pflegte eine Bekanntschaft mit dem Astronomen Johannes Kepler, der im nahen Weil der Stadt geboren worden war, und er wechselte Briefe mit dem großen Pädagogen Johann Amos Comenius.

Lutheraner und Literat, war Andreä 1586 in Herrenberg geboren worden und 1620 nach Calw gekommen. Hier wirkte er bis 1639 als einflussreicher Spezialsuperintendent. Calw hatte damals rund dreitausend Einwohner und war damit eine der bedeutenderen Städte Württembergs. Was Andreä während dieser Zeit in Calw erlebte, forderte ihn als Dekan wie als intellektuellen Literaten gleichermaßen: Unermüdlich sorgte er sich um die Jugend, er rief zur Besserung der Menschen auf und organisierte Sozialmaßnahmen für die schnell anwachsende Bevölkerung; er richtete Armenspeisungen ein, baute eine Leihbibliothek auf und gründete mit Calwer Handelsherren, Zeugmachern und Fäbern das *Färberstift* „zur Unterstützung der Armen und Kranken und zur Förderung der Jugend" – eine soziale Einrichtung, die bis in die jüngste Vergangenheit Bestand hatte.

Johann Valentin Andreä erlebte während seiner Zeit in Calw die Not des Dreißigjährigen Krieges, und er und seine Familie wurden Opfer der Zerstörung der Stadt im Jahr 1634 durch die kaiserlichen Truppen: Sie verloren ihren ganzen Besitz, der auch kostbare Kunstsammlungen umfasste. Trotzdem war Andreä überzeugt von einer christlichen Gesellschaft, die es durch ein rechtschaffenes und gottesfürchtiges Leben zu erreichen gelte. In seinen Schriften erwies er sich als Vorkämpfer für Glaubens- und Gesellschaftsreformen und als Erneuerer der Erziehung. Er schuf in seinem Werk *Reipublicae Christianopolitanae descriptio* die literarische Utopie einer Christenstadt, in der er die Grundformen eines christlichen Lebens nach seiner Idealvorstellung beschrieb, und diese Utopie einer Stadt „Christianopolis" soll bei der Gründung der Stadt Freudenstadt maßgeblichen Einfluss gehabt haben. In dieser Stadt „Christianopolis" sollen „die Bürger ohne soziale Unterschiede und Geldwirtschaft in wahrer Gelehrsamkeit leben" (Gebauer/Würfele 2005, 30); eine Utopie, die der spätere „Calwer", Hermann Hesse, mit seiner Utopie einer rein geistigen Welt, Kastalien, in seinem Roman „Das Glasperlenspiel" noch weiterentwickeln sollte, herausgenommen aus der rein christlichen Tradition und mit vielen Einflüssen östlicher Philosophien zu einer geistigen Wunschwelt, in der das Spiel, die Beschäftigung mit dem Geistigen Hauptziel menschlichen Tätigwerdens sein soll.

Als die Kaiserlichen nach ihrem Sieg im Jahr 1634 gegen die protestantischen Schweden bei Nördlingen auch Calw niederbrannten, wobei mehr als 450 Häuser zerstört wurden, 83 Bürger der Stadt den Tod fanden und zweihundert schwer verwundet wurden, und wenig später die Pest über siebenhundert weitere Einwohner dahinraffte, da schuf Andreä mit seinen *Threni Calvenses,* den *Calwer Totenklagen,* eines der erschütterndsten literarischen Dokumente seiner Zeit. Als Dekan flehte er öffentlich um Hilfe – und hatte Erfolg: Reiche Städte wie Augsburg, Frankfurt, Nürnberg, Straßburg und Ulm stifteten Geld für den Wiederaufbau der fast völlig zerstörten Stadt und linderten damit die größte Not.

Andreä war ein Eifriger und ein Eiferer, in seiner Literatur wie in der Theologie. Er verstand es, praktisch zu handeln und die Dinge zum Nutzen des Guten zu verwenden, aber auch zu abstrahieren und literarisch umzusetzen. Er verfasste über hundert Schriften, die meisten in lateinischer Sprache; ein Großteil entstand während seiner Calwer und der späteren Stuttgarter Zeit. Mit seinen berühmten Rosenkreuzerschriften, zuerst mit der *Fama Fraternitatis* (Tübingen 1614), initiierte er die internationale Bewegung des Rosenkreuzertums: Noch im Jahr des ersten Drucks bekannten sich viele Leser in ganz Europa dazu, schon seit langem dieser Gesellschaft anzugehören. Damit lieferte Andreä, das nur nebenbei, das Grundschema des berühmten Romans *Das Foucaultsche Pendel* von **Umberto Eco.**

Der Kirchenhistoriker Eberhard Gutekunst, der von Johann Valentin Andreä als „das Genie der Freundschaft" spricht (in: Gutekunst 1986, 107), schrieb über den berühmten Calwer Dekan: „Er spürte den Umbruch und die Krise seiner Zeit und suchte nach neuen Wegen. Im Mittelpunkt seines Denkens und Wollens stand der Mensch in seiner Beziehung zu Gott und seiner Schöpfung. Er suchte danach, wie Gottes Wort und die Natur, der Glauben und das Leben der Menschen miteinander in Harmonie zu bringen seien. In manchem zeigt Andreä das Doppelgesicht des zu früh Geborenen. In seinem Glauben an die Erziehbarkeit des

Menschen war er ein Vorbote der Aufklärung, in seiner Betonung der persönlichen Frömmigkeit ein Vorläufer des Pietismus" (vgl. Gutekunst a.a.O.).

Bereits früh, in seiner Rede „Vale Academiae Tubingensi", gehalten vor seinem Weggang 1607 vor einem Professorenzirkel, legte Andreä Rechenschaft ab über sein bisheriges Studium: „Es galt für ihn, zwei Bereiche zu fördern: Christentum und Wissenschaft. Beide müssen aufeinander bezogen sein" (Gutekunst 1986, 241).

Johann Valentin Andreä erreichte später höchste kirchliche Ämter der evangelischen Kirche in Württemberg: Nach seiner Calwer Zeit wurde er Hofprediger und Konsistorialrat bei Herzog Eberhard III., ab 1650 Generalsuperintendent in Bebenhausen und im Jahr seines Todes Abt von Adelberg. „Seine vorbildliche Menschlichkeit war so bekannt, dass er von seinen Gönnern Gemälde von Dürer und Holbein für sein Calwer Museum geschenkt" bekam (Bran 1985, 8). Im Jahr 1654 starb er in Stuttgart – ein ganz außergewöhnlicher Kirchenmann, ein Theologe und Literat, Reformierer von Kirche und Gesellschaft, der in allen Bereichen, in denen er wirkte, Bleibendes hinterlassen hat, und dessen Vielseitigkeit noch heute nicht vollständig erschlossen ist. Und nicht zuletzt seine Jahre in Calw haben ihm maßgebliche Anregungen für seine umfassenden Interessen gegeben.

Es gibt weitere Beispiele von frühen, einflussreichen Kirchenmännern, die von Calw aus wirkten und deren Schriften noch erhalten sind: Einer, der die Verbindung zu Andreä herstellt, ist der in Calw geborene **Johann Jakob Heinlin (1588-1660)**. Er wurde 1654 als Nachfolger Andreäs Abt von Bebenhausen und Generalsuperintendent. Heinlin schrieb polemische Schriften gegen die Katholiken und war Mitarbeiter an den württembergischen *Summarien,* einer auf Herzog Eberhards Befehl verfassten Erklärung sämtlicher Bücher der Heiligen Schrift zum Zwecke des Vorlesens in den sonntäglichen Vesperlektionen.

In Tübingen wirkte zum Ende des 17. Jahrhunderts **Georg Heinrich Heberlin** als der „H. Schrifft Doctorn, Professorn und Predigern bey der Hohen Schul und Stiffts-Kirchen zu Tübingen". Für Calw ist er bedeutsam geworden durch seine Schrift: *Historische Relation von denen in der württemb. Ambts- und Handel-Stadt Calw einige Zeit her der Zauberey halber beschreyeten Kindern und andern Personen* (1685). Darin behandelt er Vorkommnisse der Hexerei, besonders durch „Hexen" im Kindesalter, und die sich daran anschließenden Angstvorstellungen der Calwer Bevölkerung.

In Hirsau wirkte auch der wohl berühmteste Pfarrer seiner Zeit, **Friedrich Christoph Oetinger (1702-1782)**, der sich um eine „heilige Philosophie" bemühte, die „mystisch-theosophische und orthodox-kirchliche Elemente in sich vereinigen sollte" (Gebauer/ Würfele 2005, 44). Friedrich Christoph Oetinger schrieb zahlreiche theologische Bücher, auch einige in Hirsau, wo er von 1738-1743 im Pfarrdienst war. „Das Buch *Etwas Gutes vom Evangelio* gab er aufgrund von Bibelstunden heraus, die er in Hirsau abgehalten hatte. Darin bestritt der zeitlebens umstrittene Theologe die Auffassung, die Heilige Schrift müsse als ein großes Ganzes begriffen und dürfe nicht wie ein Zettelkasten angesehen werden, in dem kurze Bibelstellen festgehalten sind (Greiner 2006, 42f.).

Die Offenheit der Calwer Geistlichkeit findet auch Ausdruck darin, dass seit dem 17. Jahrhundert „besonders eindrucksvolles und heute noch sichtbares Beispiel für den Einfluss jüdischen Glaubens auf Kult und Kultur des Christentums … die Lehrtafel der begabten württembergischen Prinzessin Antonia in der Kirche von Bad Teinach (bei Calw), jenes aus kabbalistischer Tradition entworfene Gemälde von den auf- und niedersteigenden Kräften Gottes in der Welt und vom Zug der Seele zur Vereinigung mit dem christlichen Bräutigam" dank der Beratung durch **Johann Valentin Andreä** entstand und in dem Buch *Die Lehrtafel der*

Prinzessin Antonia von Friedrich Christoph Oetinger eine Deutung fand (Bran 1985, 8).

In seiner Autobiografie, der *Genealogie der reellen Gedanken eines Gottesgelehrten,* sieht Oetinger seine Gedanken bestimmt *I. durch die Stimme der Weisheit auf der Gasse, II. durch den Sinn und Geist der heiligen Schrift, III. durch die äußeren Schickungen Gottes* (Ehmer 2005, 188).

F.C. Oetinger hatte viele kirchliche Ämter inne, zuletzt als Stadtpfarrer in Murrhardt, gleichzeitig Abt und Prälat des evangelischen Klosters Murrhardt, sowie Herzoglicher Rat und Landschaftsabgeordneter.

„Oetinger gehört zur Hirsauer Geschichte als ein Pfarrer, der treu um seine Gemeinde besorgt war und sich vor allem um die Kinder und ihre schulische Ausbildung angenommen hat ... Oetinger hat ein heute noch wichtiges und ungelöstes Problem bearbeitet, nämlich die Frage des Verhältnisses von Natur- und Geisteswissenschaften ... Oetinger hat dieses Problem erkannt, als die Naturwissenschaften, wie wir sie heute kennen, erst am Entstehen waren" (Ehmer 2005, 195).

Hermann Hesse hat den Pfarrer Oetinger in seinem vierten, unvollendet gebliebenen Lebenslauf des Josef Knecht für seinen Roman *Das Glasperlenspiel* (1943) zur literarischen Figur gemacht.

Ein bedeutender Geistlicher in Hirsau war auch **Karl Hermann Klaiber (1835-1896),** Sohn eines Professors am Stuttgarter Eberhard-Ludwig-Gymnasium und einer Schwester des Dichters Wilhelm Hauff. In den 1850er Jahren besuchte er das evangelische Seminar in Tübingen, war dann Vikar und auch eineinhalb Jahre von 1859-1861 als Prediger und Hauslehrer in Rom. Dort begann er mit Studien über Kirchengeschichte und Kirchenbaukunst. – Bis ihm, inzwischen in Philosophie promoviert, vom Konsistorium die Pfarrstelle in Hirsau angeboten wurde. Das kleine Pfarramt in der Gemeinde mit 750 Einwohnern ließ ihm genügend Zeit für seine kunst- und geschichtswissenschaftlichen Studien. Er schrieb zahlreiche Presseartikel über seinen neuen Heimatort und veröffentlichte dann 1885 „ein Buch mit dem Titel *Das Kloster Hirsau für Geschichts-, Altertums-, Kunst- und Naturfreunde geschildert,* in dessen letztem Kapitel, *Hirsau in der Dichtung,* Ludwig Uhland, Justinus Kerner, der Kirchenlieddichter Albert Knapp und andere zu Wort kamen" (Gebauer/Würfele 2005, 103). Karl Hermann Klaiber setzte sich sehr dafür ein, dass die Klosteranlagen renoviert wurden, so ist ihm zu verdanken, dass die verunstaltete Marienkapelle mit beträchtlichem Aufwand renoviert wurde (a.a.O.).

Die Universität Tübingen in Calw und Hirsau

Die Pest ging um, in den 1590er Jahren erreichte sie Tübingen. Im Oktober 1594 flüchteten die Professoren und Studenten nach Calw, auch die Studenten der Adels- und Beamtenhochschule (später Collegium Illustre) mit dem zwölfeinhalbjährigen württembergischen Erbprinz Johann Friedrich (1582-1628), der bis April 1595 im Hirsauer Schloss wohnte (Greiner 2006, 13).

Auch bei der Ruhrepidemie 1597 in Tübingen flohen Professoren und Studenten, auch Johann Friedrich, nach Hirsau – der berühmte Tübinger Professor **Martin Crusius (1526-1607)** berichtet darüber.

Im August 1610 brach wieder die Pest in Tübingen aus, und die Hochschulstudenten wurden wieder, acht Monate lang, nach Hirsau verlegt. Sieben Fürstensöhne aus regierenden Häusern weilten im Schloss in Hirsau. Hier gab es jetzt Vorlesungen über Römisches Recht, Prozess- und Strafrecht, Geschichte und Politik, Französisch und Italienisch (Greiner 2006, 14).

Und, natürlich, wo universitäres Leben stattfindet, wo sich Gelehrte austauschen, wird auch debattiert, geschrieben, veröffentlicht. Es fand die Ausbildung des theologischen Nachwuchses an der Klosterschule statt. Ein Reisender, Johannes Andreas Reinhard, berichtet im Jahr 1610 aus Hirsau, dass die 33 Schüler der

Klosterschule in Latein, Griechisch und Theologie sechs Stunden täglich unterrichtet werden.

„Außerdem müssen sie zweimal, vor- und nachmittags, den Chor mitsingen, lesen, Betten im Beysein eines aufsehers andächtig verrichten" (aus: Greiner 2006, 15).

Die Autoren (Werkauswahl):

Andreä, Johann Valentin:
Fama Fraternitatis. Confessio Fraternitatis. Chymische Hochzeit: Christiani Rosencreutz Anno 1459, hrsg. Von Richard van Dülmen. Stuttgart: Calwer Verlag, 3. Aufl. 1981 (Quellen und Forschungen zur Württembergischen Kirchengeschichte, Band 6).
Christianopolis 1619. Dt./Lat., hrsg. Von Richard van Dülmen. Stuttgart: Calwer Verlag 1972 (Quellen und Forschungen zur Württembergischen Kirchengeschichte, Band 4).
Threni calvenses: quibus urbis calvae Wirtembergicae bustum, sors praesens lamentabilis et innocentia expressa. Straßburg 1635.

Crusius, Martin:
Martini Crvsii oratio, de vetustissimo VVirtembergensis dvcatvs oppido Calva: & de generosis illustribusque eius rectoribus. Habita ab ipso Tybingae, ... 1595 ... gratudinis ergo, pro benevolo ... Calvae recepta & recta fuerat. Tübingen 1595.

Heberlin, Georg Heinrich:
Historische Relation von denen in der würtemb. Ampts und Handel-Stadt Calw einige Zeit her der Zaube rey halber beschreyeten Kindern und andern Personen. Stuttgart 1685.

Klaiber, Karl Hermann:
Das Kloster Hirsau für Geschichts-, Altertums-, Kunst- und Naturfreunde geschildert. 1885.

Lessing, Gotthold Ephraim:
Ehemalige Fenstergemälde im Kloster Hirschau. Und: Des Klosters Hirschau Gebäude, übrige Gemälde, Bibliothek und älteste Schriftsteller. In: Werke. Hrsg. Von H.G. Göpfert. Band VI. München: Hanser 1974.

Luz Christoph:
Virgae Divinae Urbi Calvae Wirtemberg. Stuttgart 1643.

Noker (von Zwifalten?):
Das alemannische Memento Mori. Hrsg. und übersetzt von Rudolf Schütz-eichel. Tübingen: Niemeyer 1962.

Oetinger, Friedrich Christoph:
Etwas Gutes vom Evangelio. 1739.
Selbstbiographie. Genealogie der reellen Gedanken eines Gottesgelehrten. 1762/1990.
Swedenborgs und anderer Irrdische und Himmlische Philosophie. 1765.
Biblisches und Emblematisches Wörterbuch. 1770.
Die Lehrtafel der Prinzessin Antonia. 1977.
Theologia exidea vitae deducta. 1979.

Parsimonius (Johannes Karg):
Ehemaliges Fenstergemälde im Kloster Hirsau.
Onomasticum historicum (tabellarische Zusammenstellung der Herrscher aller abendländischen Völker sowie der berühmten Philosophen, Dichte rund Staatsmänner bis in die Antike.
Chronologia. Sammlung von geschichtlichen Daten und Ereignissen.

Peregrinus, Konrad von Hirsau:
Dialogus super auctores sive Didascalon (Dialot über Autoren bzw. Lehranleitung)
Jungfrauenspiegel

Trithemius, Johannes:
Hirsauer Chronik. Chronicon Insignie Monasteii Hirsaugienses (16. Jahrhundert).
Hirsauer Jahrbücher. Annales Hirsaugienses. (16. Jahrhundert).

3. Dichter und Akademiker
– Vonn der ägyptischen Königstochter zur Ulme zu Hirsau

Dichter

Hirsau und sein Kloster scheinen über die Jahrhunderte hinweg wie ein Magnet auf Geistesgrößen der jeweiligen Zeit gewirkt zu haben, sowohl der kirchlichen als auch der weltlichen.

Ein heute noch bekannter Kurgast in Hirsau war ein Berliner Student, **Georg Ebers (1837-1898)**, der später als Professor für Ägyptologie und als Verfasser viel gelesener und auch in der heutigen Zeit wieder aufgelegter historischer Romane wie *Serapis, Uarda, die Ägypterin* oder *Eine ägyptische Königstochter* bekannt wurde. Mit Felix Dahn zusammen zählte er zu den profiliertesten Vertretern des so genannten „Professorenromans". Aber auch seine wissenschaftlichen Werke wie die Studie *Die Körpertheile, ihre Bedeutung und Namen im Altägyptischen* (1897) fanden große Beachtung unter den Fachgelehrten.

Georg Ebers berichtet über seine Zeit in Hirsau im Jahre 1860 sehr eindrücklich: *Das Quartier, da die Mutter mich und den Diener aufnahm, ... gehörte zu den eigentümlichsten und romantischsten, die ich je bewohnte, denn das Haus unseres Wirtes war in die Ruinen des Klosters eingebaut und erhob sich neben der Stelle des alten Refektoriums. Aus den Fenstern des einen Zimmers schaute man auf die erhaltenen Kreuzgänge und die Marienkapelle ... Hier war es gut sein. Ein stillerer Ort ließ sich nicht denken.* (Ebers 1893, 478f.).

Kein Geringerer als **Ludwig Uhland (1787-1862)**, der bekannte Dichter, Politiker, Germanist und Volkskundler, „Inbegriff schwäbischer Bürgerklassik, die die Romantik in sich aufgenommen hat" (wie ihn Hermann Pongs charakterisiert), hatte auch seine ganz persönliche Bindung zu Hirsau und dessen Kloster, denn er weilte des öfteren bei den Verwandten seiner Frau Emilie Uhland, die der Calwer „Kaufmannsdynastie" Vischer entstammte und bei ihrem Stiefvater Pistorius in Stuttgart aufgewachsen war. Ludwig Uhland liebte es, die paar Kilometer von Calw aus nagoldabwärts zu wandern, zum Kloster in Hirsau. Er hatte bereits zahlreiche, weit verbreitete Balladen, Romanzen und Volkslieder geschrieben, seine Hirsauer Besuche fanden dichterischen Niederschlag: er schrieb das berühmte Gedicht *Die Ulme zu Hirsau* über die Ulme im herzoglichen Jagdschloss bei den Klosteranlagen; ein Gedicht, das seither von Besuchern der Ruinen des Klosters und des herzoglichen Schlosses rezitiert wird:

Zu Hirsau in den Trümmern,
da wiegt ein Ulmenbaum
frisch grünend seine Krone
hoch überm Giebelsaum.

Er wurzelt tief im Grunde
vom alten Klosterbau;
er wölbt sich statt des Daches
hinaus ins Himmelblau.

So lauten die ersten Strophen des 1829 veröffentlichten Gedichtes. Erst im Jahr 1989 musste die abgestorbene Ulme im Inneren der Schlossmauern gefällt werden. Das Gedicht auf einer Tafel erinnert weiterhin an diesen mächtigen Baum in den Schlossruinen – ein Beweis dafür, wie Dichtung eine Umgebung lebendig erhalten kann, die für Generationen unserer Vorfahren Realität war.

Ludwig Uhland ist aber nicht nur als Dichter und Vertreter der Romantik bekannt geworden. Er hatte nach seinem Jurastudium von 1810 bis 1814 als Rechtsanwalt in Tübingen und Stuttgart gearbeitet. 1819 war er Vertreter Tübingens in der Ständekammer, 1829 trat er eine Professur für Deutsche Sprache und Literatur, für Altdeutsche Sprache, Sage und Dichtung in Tübingen an, die er 1833 wieder aufgab, als ihm die Landesregierung den Urlaub zur Wahrnehmung seines politischen Mandats verweigerte. Er war Mitglied der Frankfurter Nationalversammlung (1848/1849) und lebte von 1850 bis zu seinem Tod als Privatgelehrter in Tübingen.

Seine Ehefrau **Emilie Uhland (1799-1881)**, die zeitlebens regen Anteil an der politischen Tätigkeit ihres Ehemannes nahm, die Tagebuch schrieb, verfasste eine Lebensbeschreibung Uhlands: *Uhlands Leben,* zunächst anonym als Handschrift gedruckt. Später erschien die Biografie im renommierten Verlag von Cotta (Lahmann et al. 2002, 49).

Auch **Justinus Kerner (1786-1862)** hat Hirsau in seiner Dichtung thematisiert. Mit Uhland und **Karl Mayer (1786-1870)** bildete den Mittelpunkt des „Schwäbischen Dichterbundes". Dieser Justinus Kerner, der zeitweilig Badearzt im nahen Wildbad war, und **Gustav Schwab (1792-1850)**, Pfarrer und spätromantisch-biedermeierlicher Autor und Nacherzähler antiker Sagen, verarbeiteten die Sage von der Gründung des Klosters Hirsau literarisch; Kerner in seinem Gedicht *Die Stiftung des Klosters Hirsau,* das 1813 entstand.

Akademiker

Zahlreiche Akademiker wirkten von Calw und Hirsau aus, zwei in Calw geborene Gelehrte brachten es in ihrer akademischen Karriere sogar zum Rektor der Heidelberger Universität: **Bartholomäus Egan (1486 als tot erwähnt)** in den Jahren 1474 und 1475 und **Johannes Sall** im Jahr 1499. Ein anderer bedeutender

Gelehrter, dessen Wirken in Calw seinen Anfang nahm, war **Alexander Hug**, Stadtschreiber in Kleinbasel, dann in Calw im Jahr 1482, von 1487 bis 1529 kaiserlicher Notar und Verfasser eines der verbreitetsten deutschen Formelbücher zur Anleitung beim Abfassen von Urkunden und Briefen.

Konrad Summenhart (um 1458-1502) wurde in der zweiten Hälfte des 15. Jahrhunderts von seinen Kollegen der „Monarch der Theologen" genannt. Er war „wohl der bedeutendste Naturphilosoph, Theologe und Kanonist des 15. Jahrhunderts in Tübingen" (Gebauer/Würfele 2005, 18). Ab 1472 hatte er in Heidelberg Theologie studiert, promovierte ab 1478 in Tübingen und war dort vermutlich ab 1492 ordentlicher Professor der Theologie und Rektor (Schnierle-Lutz 2007, 72). Er schrieb theologische, auch naturwissenschaftliche und volkswirtschaftliche Schriften.

Er war 1478 Magister Artium der Pariser Universität und erhielt im September desselben Jahres das Amt des Magister regens an der „Artistenfakultät" der Universität Tübingen, wo er sich seinen naturphilosophischen Studien widmete. Er war insgesamt viermal Rektor der Tübinger Universität. Seine Schriften haben bleibenden Wert für viele mit der Volkswirtschaft zusammenhängenden Fragen wie Eigentum, Kaufgeschäfte, Rentenkauf, Gesellschaftsvertrag und Wechsel (Gebauer/Würfele 2005, 18).

In Calw geboren und aufgewachsen ist auch **Ulrich Rülein (ca. 1465-1523)**, der in seinem wissenschaftlichen Wirken oft auf das von ihm verfasste *Nützlich Bergbüchlein* reduziert wird und doch viel mehr war: Arzt und Stadtplaner, Humanist und Schulreformer. 1497 kam er ins sächsische Freiberg, wo er heute noch unter dem Namen „Rülein von Calw" in hohen Ehren gehalten wird. Rülein soll um 1465 in der Calwer Oberen Mühle geboren und im Jahr 1523 in Leipzig gestorben sein. Seine Schulbildung erhielt er ab 1475 in der Calwer Lateinschule. 1485 war Rülein als Student der „artes liberales", was damals Grammatik,

Rhetorik, Dialektik, Geometrie, Arithmetik, Astronomie und Musik umfasste, an der Universität Leipzig. 1487 erwarb er den Grad des Baccalaureus, 1490 wird er als Magister Artium genannt. Das anschließende Medizinstudium machte ihn zum Doctor artium et medicinae. Er ließ sich als angesehener Gelehrter in Freiberg nieder, 1497 wird er dort als Physicus ordinarius, also als Stadtarzt, erwähnt. Vermutlich von 1491 bis 1497 Dozent für Mathematik in Leipzig, wurde Rülein im Jahr 1496 von dem sächsischen Herzog Georg als Sachverständiger für die Bauplanung der „Neuen Stadt am Schreckenberg", des späteren Annaberg im Erzgebirge, und für die Planung von deren Wasserversorgung berufen. In den zwanziger Jahren des 16. Jahrhunderts übernahm Rülein diese Aufgabe nochmals für Marienberg. Aber Freiberg, wohin er 1497 gekommen war, blieb er am engsten verbunden. Zunächst als Stadtphysicus zuständig für die Überwachung der medizinischen Einrichtungen, wurde er im Jahr 1509 Ratsmitglied und 1514 zum ersten Mal Bürgermeister. 1515 gründete er gemeinsam mit dem Ratsmitglied Nicolaus Hausmann, einem Bekannten Martin Luthers, eine humanistische Sadtschule (im Gegensatz zu den damals üblichen Domschulen), die *Sächsische Lateinschule.* Bekannt geworden ist er aber vor allem weithin mit einem Buch, Titel *Ein nutzlich bergbuchley,* im Jahr 1500, zuerst anonym, in Druck gegeben hatte. Stadt und Region Freiberg waren schon seit dem 12. Jahrhundert ein Zentrum des Silberbergbaus in Europa, und das Büchlein, das einen Überblick über den Wissensstand im Bergbau zu jener Zeit gab, war bald in ganz Deutschland verbreitet, es wurde über zwanzig Mal neu aufgelegt, die „älteste gedruckte Quelle der Bergmannssprache" (Gebauer/Würfele 2005, 21).

Ulrich Rülein kann damit als Begründer der Montanwissenschaft gelten, die im 17. Jahrhundert mit der Einrichtung einer staatlichen Stipendienklasse für bergbaulichen Unterricht institutionalisiert wurde und 1765 zur Gründung der Bergakademie in Freiberg führte, der ersten montanwissenschaftlichen Hochschule der Welt, die heute noch als Technische Universität Freiberg besteht. Aber auch als Mediziner erwarb sich Ulrich Rülein bleibende Verdienste. Schon 1506 hatte er als Stadtarzt in Freiberg erfolgreich die Pest bekämpft. Er veröffentlichte eine Schrift *Eine unterweysung wie man sich tzu der tzeit der pestilentz halten soll*. Als diese Seuche 1521 in Dresden ausbrach und wieder nach Freiberg übergriff, ließ Herzog Heinrich eine Pestordnung ausarbeiten und in Kraft setzen. Auch als deren Autor darf Ulrich Rülein angenommen werden. Ulrich Rülein starb in den letzten Tagen des Jahres 1523, in demselben Jahr wie Ulrich von Hutten (geboren 1488) und Franz von Sickingen (geb. 1481). Weder sein genauer Sterbeort noch seine Grabstätte sind bekannt.

Mit der Mystikerin **Amalia Hedwig von Leiningen (1684-1756)** hat ein Kritikerin der „rechten lutherisch-orthodoxen Lehre" (Lahmann et al. 2002, 46) im Jahr 1712 einige Wochen in Calw verbracht, um dem Doertenbachschen Hauslehrer Wilhelm Christian Gmelin ihr zweites Buch diktieren (a.a.O., 47) – Auslegungen des wahren Glaubens, gepaart mit einer strikten pazifistischen Einstellung.

Mit **Magdalena Sibylla Rieger (1707-1786)**, der „Dichterin des schwäbischen Pietismus", wurde eine zumindest zeitweilige Calwerin über die Region hinaus bekannt: *Eine fromme Pietistin, die zur heimlichen Geliebten des jüdischen Finanzberaters Joseph Süß Oppenheimer und zur offenen Mätresse des Herzogs wird*, schildert sie der Romancier Lion Feuchtwanger in seinem Roman *Jud Süß* (1925).
Allerdings entbehrt diese Aussage (außer dem Hinweis auf die Frömmigkeit dieser Frau) der historischen Grundlage. Magdalena Sybilla war eine Tochter des Pagenpräzeptors (Lehrer der fürstlichen Kinder) Philipp Heinrich Weißensee und diente am Hof in Stuttgart als Kammerjungfer. Erst sechzehnjährig, heiratete sie den Vogt Immanuel Rieger und kam so im Jahr 1730 nach Calw. Während ihres einjährigen Aufenthaltes in Calw begann sie zu

dichten. Sie verfasste 67 Gedichte zu den sonn- und festtäglichen Perikopen des Kirchenjahres. Ihr Vater Philipp Heinrich Weißensee war 1727 evangelischer Abt zu Hirsau geworden und als Mittelsmann in die Schwierigkeiten zwischen Oppenheimer und dem Herzog verwickelt. Turbulente Zeiten erlebte die Dichterin Magdalena Sybilla Rieger, Mutter von acht Kindern, in Stuttgart: Sie litt an starker Migräne, an dauernden Nerven- und Magenschmerzen. Ihre persönlichen Probleme und die Bewältigung des eigenen Lebens waren ein Anlass ihres Dichtens. In ihrem Werk verbindet sich „Klage um das Dasein mit der Suche nach Geist und Wahrheit" (Lahmann et al 2002, 16).

Im Jahr 1743 wurde sie durch ein Privileg Kaiser Karls IV. als „Kaiserliche Dichterin" ausgezeichnet. Sie starb, seit 28 Jahren verwitwet, 1786 in Stuttgart. Eines ihrer Lieder ist schon in das frühere evangelische Gesangbuch aufgenommen worden, und auch im neuen wurde es – allerdings mit Textänderungen – abgedruckt.

Als einzige Frau wurde Magdalena Sybilla Rieger vom Staatsrechtler und pietistischen Dichter Johann Jakob Moser 1772 noch zu ihren Lebzeiten in das Württembergische Gelehrten-Lexikon aufgenommen (Lahmann et al. 2002, 17).

Ein Gelehrter von weitreichender Bildung war **Christian Jacob Zahn (1765-1830),** der als Jurist, Musiker, Politiker und Industrieller weit über Calw hinaus Bekanntheit erlangte. Ein Beweis dafür, dass „auch Technik, Wirtschaft und Politik Teilgebiete der Gesamtkultur sind, denn in allen diesen Kulturbereichen sind die Geistes- und Seelenkräfte der Menschen die entscheidenden Faktoren des Tätigseins" (Bran 1985, 10).

Ursprünglich war er zum Theologen bestimmt und wurde ins Klosterseminar in Bebenhausen aufgenommen. Er wandte sich aber den Rechtswissenschaften zu und beschäftigte sich nebenher eifrig mit den Naturwissenschaften und der Musik. „Nebenbei schrieb Zahn selber Feuilletons und zwei Romane, fertigte Übersetzungen an, u.a. von Rousseaus Confessions, und gab Kulturzeitschriften heraus. Außerdem komponierte er drei Dutzend Lieder" (Schnierle-Lutz 2008, 84). 1789 gründete er mit seinem Studienfreund Johann Friedrich Cotta die Cotta'sche Buchhandlung in Tübingen, von dem er sich aber wegen wirtschaftlicher Differenzen 1799 wieder trennte.

Über die Verbindung mit Cotta kam es zur Bekanntschaft Zahns mit **Friedrich Schiller**. Schiller schrieb über die Begegnung mit dem Calwer, „dass dieser junge Mann, der sich Zahn nennt, zu der Handelscompagnie in Calb gehört, die das Cottaische Unternehmen deckt, und die so beträchtlich ist, dass man schon bei mehreren Extremitäten in Württemberg auf ihren Credit gerechnet hat. Ich glaube daher, dass man wohl thut, diesen Mann so sehr als möglich in das Interesse unserer Unternehmung zu ziehen." In seinem einzigen erhaltenen Brief an Zahn, vom 4.5.1795, bat Schiller diesen um ein Treffen: „Es wäre mir recht angenehm, wenn wir miteinander bekannt werden könnten."

Ein Angebot Schillers, englische, italienische und spanische Literatur zu studieren und für Deutschland zu bearbeiten, lehnte Zahn nicht ganz ab, bekannte aber, dass er mehr in der arabischen, chaldäischen und hebräischen Sprache zuhause sei und mehr Kräfte in den strengen als in den schönen Wissenschaften fühle. 1798 wurde Christian Jakob Zahn Mitglied in der Zeughandelscompagnie Schill und Comp. und der Safiangerberei des Schwiegervaters Haßenmaier in Hirsau. Ab 1815 war Zahn Abgeordneter im württembergischen Landtag, in den Jahren 1820 bis 1825 dessen Vizepräsident. Er starb am 8. Juli 1830. Ein Büchlein über Deinach (Teinach), das er zusammen mit seinem Bruder im Jahr 1789 herausgab, zählt ebenso zu seinen Werken wie die Vertonung des *Reiterliedes* aus *Wallensteins Lager*: 1798 hatte Schiller an Zelter in Berlin, an Körner in Dresden und an Zumsteeg in Stuttgart geschrieben, um einige seiner Lieder vertonen zu lassen. Von Cotta erhielt er eine Melodie – unterzeichnet mit „Z.". Schiller vermutete dahinter seinen Freund Zumsteeg. Aber der wahre Komponist war C.J. Zahn. Von allen Melodien hatte dem Dichter Zahns Komposition am besten gefallen.

Seine Frau **Elisabeth Friederike Zahn (1771-1837)**, Tochter eines von der Aufklärung geprägten Elternhauses in Calw, schrieb währenddessen die Lebensgeschichte Christian Jakob Zahns, und eine Autobiografie, die unter dem Titel *Meine eigene Lebensbeschreibung, meiner lieben Tochter Luise bestimmt,* die im Stadtarchiv Calw erhalten ist (Lahmann et al. 2002, 39).

Um bei Friedrich Schiller zu bleiben: In Stammheim, dem heutigen Calwer Stadtteil, ist im Jahr 1731 der spätere Theologe, Schriftsteller und Professor an der Hohen Carlsschule in Stuttgart, **Balthasar Haug (1731-1792)**, geboren. Haug war eine der wichtigsten Geistespersonen seiner Zeit im württembergischen Land. Er stand in Kontakt mit Philosophen und Dichtern wie Friedrich Gottlieb Klopstock, Christian Friedrich Daniel Schubart, Christoph Martin Wieland und auch mit Friedrich Schiller, dessen Lehrer er – neben anderen – an der Carlsschule war. Balthasar Haug, 1773 Professor am Stuttgarter Gymnasium illustre geworden und 1776 Professor für Logik, Philosophie, Geschichte, deutschen Stil, Mythologie und Kunstaltertümer an der Carlsschule, der Eliteschule für den höfischen Nachwuchs jener Zeit, und Prediger an der Stiftskirche, war nicht nur Lehrer, sondern aktiver Publizist. Zahlreiche Veröffentlichungen zeugen von seiner Schaffenskraft; die bekannteste dürfte sein Werk *Das gelehrte Wirtemberg* von 1790 sein, in dem er nach einer Einführung in die Gelehrtengeschichte die „jetzt lebenden einheimischen württembergischen Schriftsteller, ihre vornehmsten literarischen Lebensumstände und Schriften" und schließlich „die jetzt lebenden auswärtigen wirtembergischen Schriftsteller" vorstellt – ein Buch, das rund 200 Jahre später neu aufgelegt werden sollte.
Auch andere Bücher Haugs, wie das 1785 erschienene, 577-seitige *Die Altertümer der Christen, zur Aufklärung der Schicksale und vornehmsten Gebräuche der Kirchen, oder seine Sätze des Professor Haugen über teutsche Sprache, Schreibart und Geschmack* – eine Sammlung „der Sätze, welche aus verschiedenen Wissenschaften bei den öffentlichen Prüfungen der Herzoglichen Mili-

tär-Akademie im Dezember 1779 herausgegeben und in höchster Gegenwart des durchlauchtigsten Herzogs von Württemberg öffentlich verteidigt worden sind" – sowie sein 1762 in Ulm herausgegebenes Buch *Zustand der schönen Wissenschaften in Schwaben* und sein Versuch einer Litterar-Historie der Alten in Tabellen von 1771 fanden großes Interesse in der Gelehrtenwelt.

Balthasar Haug war Ratgeber und Ansprechpartner für den Schriftsteller und Dichter **Christian Friedrich Daniel Schubart (1739-1791)** – und er förderte ihn nach Kräften: für ein *Carmen auf den Tod Kaiser Franz I.* erhielt dieser durch die Hilfe Haugs die Würde eines poeta laureatus; Haug verschaffte Schubart 1768 auch die Organisten- und Rector-Musices-Stelle in Ludwigsburg und verlieh ihm in seiner Eigenschaft als Kaiserlicher Hof- und Pfalzgraf das Diplom eines Magister Philosophiae. Allerdings wurde Haug für diese Unterstützung des rebellischen Poeten vielfach angegriffen und war selbst nicht mit der Lebensführung seines Schützlings zufrieden. Seine Enttäuschung äußerte sich in der Aufzeichnung *Schubarts Charakter,* die er parallel zu einem der vielen vorwurfsvollen Briefe an den widersetzlichen Mann niederschrieb; er charakterisiert ihn hier als *Feind der Obrigkeit, ein Hasser aller Ordnung* und sagt ihm weiterhin nach: *In Gesellschaft ist er 1. der unerträglichste Schwätzer. 2. Ein Windbeutel und Lügner (...) Wenn er zum Saufen komt, weder in Ansehung der Zeit noch des Maßes zu sättigen (...) Dem weiblichen Geschlecht biß zum Thier gefährlich.*
Schubart war sich der guten Vorsätze Haugs wohl bewusst – in seinen während der Haft auf dem Hohenasperg verfassten Erinnerungen schreibt er: *Professor Haug hatte die menschenfreundlichsten Absichten mit mir; er wollte mich auf einen Posten stellen, von dem ich meine Gaben könnte leuchten lassen, und dadurch den Grund einer ehrenvollen und dauerhaften Versorgung legen. Aber er kannte mich nicht, und glaubte, es würd' ihm leicht seyn, mich durch sein Beispiel die Kunst Thialfs zu lehren, das heißt auf Schlittschuhen zu fahren, wo Glatteiß ist.*

(...) Haug, der damals in Ludwigsburg lebte, und ein paar vorneh-
me Kavaliers erzog, gab sich viele Mühe, mich in die besten
Gesellschaften einzuführen, und mein Talent allenthalben geltend
zu machen. Ich legte bald Kragen, schwarzen Rock und Mantel ab,
- meine Gattin weinte, als ich es that, - und zog mit dem bordirten
Rokke, Dressenhut und Degen den Weltgeist auch äußerlich an, so
wie er mich innerlich schon lange besaß (Schubart 1791).

Noch ein Verdienst kann Balthasar Haug für sich in Anspruch
nehmen: In dem von ihm herausgegebenen *Schwäbischen Maga-*
zin von gelehrten Sachen erschien im Oktober 1776 Friedrich
Schillers erstes gedrucktes Gedicht, *Der Abend.*

Auch über den Sohn Haugs gab es Kontakt zu Schiller. **Johann
Christoph Friedrich Haug (1761-1829)** war Schillers Mitschü-
ler an der Ludwigsburger Lateinschule und an der Hohen Carlsschule, und er vermittelte bei Schillers späterem Besuch in der
Heimat die Verbindung mit Cotta. Gedichte Johann Christoph
Friedrich Haugs erschienen in Schillers *Marginalien*; Haug war
Redakteur am *Cottaschen Morgenblatt* und gilt als einer der Haupt-
vertreter des schwäbischen Klassizismus. Bekannt geworden ist
er mit seinen herausragenden Epigrammen. Aus seinem großen
Spottgedicht *Hundert Hyperbeln auf Herrn Wahls große Nase*
(1804) seien hier die Strophen 26 und 27 zitiert:

Seines Nasen-Unholds Ende
Steht so ferne vom Gesicht' –
Unerreichbar ist's für seine Hände;
Wenn er niest, so hört er's nicht.

Von Wahls Geburt hat mir die Baase
Des Accoucheurs erzählt:
Zwey Tage lang kam seine Nase,
Am dritten Er zur Welt.

Johann Georg Dörtenbach (1795-1870), Unternehmer in Calw und Humanist, war auch in der Politik tätig. Er war ein Gebildeter, ein Liebhaber des guten Buches. Von seiner Liebe zur Literatur, zur Geschichte sowie zum klassischen Humanismus zeugte seine weithin bekannte, reichhaltige Bibliothek. Dörtenbach war Gründer und Vorstand einer Vielzahl von Unternehmen, zum Beispiel von Dörtenbach und Schauber, einer Vorgängerin der Calwer Decken und Tuchfabriken. Die Holzhandlung Stälin und Co. wurde später weitergeführt in dem Unternehmen Mohr und Federhaff in Mannheim, auch die Maschinenfabrik Esslingen, P. Cavallo und Cie., und das Bankhaus Dörtenbach gehen auf ihn zurück. Die Ausbildung und die Arbeitsplätze der Jugendlichen waren Johann Georg Dörtenbach ein besonderes Anliegen – er setzte sich für eine gewerbliche Fortbildungsschule in Calw ein. Aber auch der Eisenbahnbau und der Bau der Straße nach Pforzheim sind von ihm mit veranlasst worden.

Johann Georg Dörtenbach war Mitglied des württembergischen Landtages und Vorstand der Handels- und Gewerbekammer Calw. Wohltätigkeit in vielen Bereichen – so seine Stiftungen für das Krankenhaus und die Stadtkirche – zeugen von seinem Ziel, Lebensqualität für alle zu ermöglichen. Nach vielen Schicksalsschlägen starb er als hoch angesehener und verdienter Mann 1870 in seiner Heimatstadt Calw, deren Bürger ihm einen Ehrenpokal stifteten (heute im Palais Vischer/Museum der Stadt Calw). Er hat keine direkten publizistischen Spuren hinterlassen, aber er war ein großer Förderer des geistigen Wirkens und unverzichtbarer Grundleger von Voraussetzungen eines fruchtbaren Klimas, das geistige und literarische Leistungen ermöglichte.

So wären noch manche zu nennen, die ihren Beitrag zum Thema „Eintausend Jahre Kultur- und Geistesgeschichte in Calw" geleistet haben: **Christoph David Gerlach** zum Beispiel, im 18. Jahrhundert Professor der Rechte in Tübingen, oder **Christoph Friedrich Hellwag**, der spätere Stadtphysikus in Eutin, Landphysikus von Lübeck und Geheime Hofrat, der an zahlreichen medizinischen Büchern mitwirkte und sich als Verfasser selbständiger Schriften einen hoch geschätzten Namen machte.

Von etwa 1870 bis 1887 lebte der Pfarrer, Bauer und Demokrat **Franz Hopf (1807-1887)** in Calw – dem die klassische Kirchenkarriere vorgezeichnet war, Landexamen 1820 in Tübingen, dann Tübinger Stift. Seine erste Pfarrstelle hatte er in Murrhardt. Seine demokratische Gesinnung, sein Engagement für die Armen wuchsen, er sprach auf Versammlungen „als Verfechter der Volksherrschaft gegen die Fürsten" (Gebauer/Würfele 2005, 93), wurde als Abgeordneter in den Landtag gewählt und gehörte diesem sechsundzwanzig Jahre lang an (a.a.O.).

„Eine seiner bittersten Stunden im Landtag erlebte Franz Hopf 1870. Als einziger Abgeordneter stimmte er gegen die Aufnahme eines Kredits für die Weiterführung des Kriegs gegen Frankreich. Sein Jugendfreund und späterer politischer Gegner Friedrich Theodor Vischer bedachte Hopf daraufhin mit einem Spottgedicht, das bald jeder in Calw kannte: *Nur ein einz'ger Demokrate/ war allein so obstinate/ zu beharr'n auf seinem Kopf:/ dies war der Pfarrer Hopf!"* (a.a.O., 94).

Als Schriftsteller betätigte sich der Generalleutnant **Herman Niethammer (1868-1954)** – er hatte sich Calw ab 1928 als Ruhesitz ausgesucht, nachdem er in der Wehrmacht Karriere gemacht und im Ersten Weltkrieg, in dem er als Kommandeur an der Westfront eingesetzt war, mit hohen Orden ausgezeichnet worden war. Auch während des Zweiten Weltkriegs wurde er aktiviert. Aber er widmete sich auch intensiv wissenschaftlichen Studien, hatte Lehraufträge an Hochschulen und erforschte das Leben seines Urgroßvaters, des Dichters Justinus Kerner. Herman Niethammer schrieb militärgeschichtliche Beiträge und viele Biografien, die in den Schwäbischen Lebensbildern veröffentlicht wurden.

Die Autoren (Werkauswahl):

Ebers, Georg:
Eine ägyptische Königstochter. Historischer Roman. Bergisch-Gladbach: Lübbe 1995.
Uarda, die Ägypterin. Historischer Roman aus der Zeit Ramses II. Bergisch Gladbach: Lübbe, 2. Aufl. 1998.

Haug, Balthasar:
Zustand der schönen Künste in Schwaben. 1762.
Versuch einer Litterar-Historie der Alten in Tabellen. 1771.
Säzze des Professoren Haug über teutsche Sprache Schreibart und Geschmack. 1779.
Das gelehrte Wirtemberg. 1790/1979.
Die Altertümer der Christen. 1785.
Schwäbisches Magazin der gelehrten Sachen.

Haug, Johann Christoph Friedrich:
Der Christ am Sabbath. 1778.
Das gelehrte Württemberg. 1790.
Hundert Hyperbeln auf Herrn Wahls große Nase, in erbauliche hochdeutsche Reime gebracht von Fr. Hophtalmos, der sieben freyen Künste Magister. Stuttgart 1804.

Kerner, Justinus:
Werke. Sechs Teile in zwei Bänden. Hrsg. von Raimund Pissin. Berlin/Leipzig/Wien/Stuttgart: Bong o.J.

Niethammer, Herman:
Das Offizierskorps des Infanterie-Regiments Kaiser Friedrich König von Preussen (7. Württ.) 1808-1809. 1909.
Freiherr Karl v. Kerner, Generalmajor, Präsident des Bergrats, 1750-1840. 1940.
Ludwig v. Stockmayer, Generalleutnant, 1779-1837. 1941.
Des jungen Uhland, Umwelt und seine Jugendliebe erlauscht aus seinen Liebesliedern. 1953.

Rieger, Magdalena Sybille:
Frauen Magdalenen Sibyllen Riegerin, gebohrener Weissenstein Versuch Einiger Geistlichen und Moralischen Gedichte. Frankfurt/Main, Varrentrapp 1743.

Rülein, Ulrich:
Ulrich Rülein von Calw und sein Bergbüchlein: mit Urtext Faksimile und Übertragung des Bergbüchleins von etwa 1500 und Faksimile der Pestschrift von 1521. Hrsg. von Wilhelm Pieper. Berlin: Akademie-Verlag 1955 (Freiberger Forschungshefte D; 7: Kultur und Technik).

Schubart, Christian Friedrich Daniel:
Schubart's Leben und Gesinnungen. Von ihm selbst im Kerker aufgesetzt. Erster Band. Stuttgart 1791. Zweiter Band: 1793. (Reprint: Leipzig: Deutscher Verlag für Musik 1980).

Summenhart, Konrad
Commentaria in Summan physicae Alberti Magni. 1507.

Uhland, Ludwig:
Sämtliche Gedichte. Hrsg. von Walter Scheffler. München: Winkler o.J. (= Werke, Band 1).

Zahn, Christian Jacob:
Deinach. Luft, Lage, Vergnügungen, Bequemlichkeiten und Vortheile für die Gesundheit, die einen Aufenthalt bei diesem Brunnen gewähren kann. 1789. (mit Johann Georg Zahn).
J.J. Rousseaus Bekenntnisse. Geschichte seines männlichen Alters (aus dem Französischen). 3 Bände. 1790.
Georgina. Eine wahre Geschichte. Von Fanny (Frances) Burney. 4 Bände. Aus dem Englischen. 1790-1792.
Carlo Foscarini. *Roman in Briefen* in der Zeitschrift „Flora". 1794-1796.

4. Büchermacher und Verleger
– Männer Gottes und des Wortes

Auch das Büchermachen, die handwerkliche Produktion und das Verlegen von Büchern, hat in Calw eine lange Tradition, die eng mit dem um 1820 zu einer starken geistigen und sozialpolitischen Kraft sich entwickelnden Pietismus verknüpft ist. „Der Pietismus ist eine Variante des Protestantismus, die im 18. Jahrhundert entstand und vor allem in Württemberg viele Anhänger fand. In privaten Erbauungsstunden, unabhängig von den kirchlichen Gottesdiensten, beschäftigten und beschäftigen sich noch heute Gläubige mit den Texten der Bibel, mit Gottes Wort, sie wollten und wollen die Gesellschaft und den einzelnen Menschen dazu bringen, stärker nach diesen Worten zu handeln und zu leben, alles Tun auf die Worte der Bibel auszurichten, ein gottgefälliges Leben zu führen" (Lahmann 1999, 9).

Und diese Gründerzeit, die neben Kinderrettungsanstalten oder Heimen für Körperbehinderte auch und bis in die heutige Zeit hineinwirkend den evangelischen Verlagsbuchhandel hervorbrachte, sollte in Calw zur Gründung eines der wichtigsten Verlage für religiöse Schriften überhaupt führen: der „Calwer Verlagsverein" machte das Städtchen Calw bekannt in aller Welt. Und das heißt keineswegs, dass die dem Pietismus oft, und oft mit Unrecht, nachgesagte Enge hier fröhliche Urständ feierte, ganz im Gegenteil: Die Persönlichkeiten, die den Verlagsverein leiteten, waren nicht nur Büchermenschen, sondern vielgebildete Männer des Geistes, ausgestattet mit einem großen Wissen und oft von offener

Internationalität, gepaart mit pietistischer Arbeitsamkeit, und sie trugen nicht nur zur Verbreitung ihres Glaubens, sondern ebenso fleißig zu unserer Kenntnis ferner Welten bei. Denn sie verstanden unter dem Stichwort „Mission" auch, dass die Erforschung fremder Kulturen und Sprachen ebenso dem christlichen Dienst entspreche wie die Taufe der „Heiden".

Christian Gottlob Barth (1799-1862) war, bevor er in Calw wirkte, Pfarrer im nahgelegenen Möttlingen und ein begeisterter Verfechter der Mission. Er gründete zuerst im Jahr 1825 den „Calwer Missionsverein", dann im Jahr 1827 in Stammheim bei Calw die Kinderrettungsanstalt und im gleichen Jahr einen „Blätterverein", der das *Calwer Missionsblatt* herausgab, welches die Missionare in Übersee in ihrer Arbeit unterstützen sollte. Wieder fünf Jahre später gründete Barth den „Calwer Verlagsverein", der seine Bücher durch eine eigene Vereinsbuchhandlung vertrieb, „mit dem Ziel, Kinder- und Schulschriften herauszugeben und die christliche Volksbildung zu fördern" (Lahmann 1999, 10). Der „Calwer Verlagsverein" hatte sich die christliche Volksbildung und die „innere und äußere Mission" zur Aufgabe gemacht. Barth war ein immens fleißiger und vielfältiger Mensch: Er schrieb und verlegte Missionsschriften, biblische Geschichten und christliche Erbauungsliteratur. Dadurch wurde er zum Hauptträger der evangelischen Missionstätigkeit in Deutschland. Neben Kinder- und Schulschriften verfasste er aber auch eine Geschichte von Württemberg mit dem berühmten Anfangssatz: *Der geneigte Leser muss vor allem wissen, dass es zwei gelobte Länder in der Welt gibt, das eine ist das Land Kanaan oder Palästina, das andere ist Württemberg.*
Weitere bekannt gewordene Arbeiten von Barth sind das *Calwer historische Bilderbuch der Welt*, die *Calwer Bibelkonkordanz, die Calwer Familienbibliothek* und die *Zwey mal zwey und fünfzig biblischen Geschichten für Schulen und Familien*, erschienen 1832, die in 87 Sprachen übersetzt und in alle Welt vertrieben wurden. Für dieses Buch bearbeitete Christian Gottlob Barth die

Geschichten des Neuen Testaments, Pfarrer Hochstetter aus Simmozheim die des Alten. Mit allein 483 deutschen Auflagen und fünf Millionen verkauften Exemplaren wurde es nach der Bibel und dem Koran das weltweit wohl meistgelesene Buch des 19. Jahrhunderts (Lahmann, 11).

Im übrigen brachte der Kontakt zu Missionaren, die von ihren weltweiten Reisen und Missionsdiensten zurückkamen und bei ihm einkehrten und Mitbringsel brachten, eine große Sammlung an exotischen Gegenständen zusammen: „Naturprodukte, ausgestopfte Tiere, Skelette, Fetische, Kunstprodukte" (Lahmann, 14). Ein großer Teil dieser Sammlung befindet sich noch heute im Museum für Völkerkunde Basel, wohin der von Barth im Jahr 1860 gegebene Teil seiner Sammlung im Jahr 1983 gegangen ist. Im Naturkundemuseum Stuttgart sind noch zwei ausgestopfte Kaplöwen aus der Sammlung Barth zu besichtigen – die Highlights des Museums!

Barth wurde im Jahr 1859 der Missionar, Sprachforscher und Pädagoge **Hermann Gundert (1814-1893)** an die Seite gestellt. Dieser gebildete Gelehrte, 1814 als Sohn eines der Mitbegründer der Württembergischen Bibelanstalt in Stuttgart geboren, war mit fünf Jahren in das Stuttgarter Gymnasium eingetreten, mit 13 ins Seminar in Maulbronn, war mit 17 zum Studium der Theologie und Philosophie nach Tübingen gekommen und hatte 21-jährig sein Doktorexamen abgelegt.

Hermann Gundert, den man ohne jeden Zweifel als eines der Sprachgenies seiner Zeit bezeichnen muss, war dann als Hauslehrer und Missionar in Indien tätig und lernte dort die Sprachen Hindustani und Bengali, Telugu und Tamil, Kanaresisch und Malayalam sowie Sanskrit. Die meisten europäischen Sprachen beherrschte er ohnehin schon fließend. Hermann Gundert war 1855 von der Basler Mission auf ihre Hauptstation in Mangalore berufen worden und blieb bis 1859 in Indien tätig, als Missionar und Schulleiter, als Schulinspektor der britischen Regierung, als Bibelübersetzer ins Malayalam und als Sprachforscher. Wegen einer Krankheit musste er 1859 nach Europa zurückkehren, und die Basler Mission fand für ihn am 30. November 1859 eine andere, verantwortungsvolle Aufgabe: in Calw zur Unterstützung von C.G. Barth in der Leitung des Verlagsvereins, die er nach dessen Tod übernahm. In Calw schloss Hermann Gundert auch die schon in Indien begonnene Übersetzung der Malayalam-Bibel und das Malayalam-Englisch-Wörterbuch nach insgesamt über 30 Jahren Arbeitszeit ab und ergänzte seine Arbeit mit einer englisch geschriebenen, dreibändigen Grammatik dieser Sprache (1860-1870). In Indien gelten diese Bücher bis zum heutigen Tag als Standardwerk: Hermann Gundert war derjenige Sprachforscher, der den Wortschatz und die Grammatik des Malayalam fixiert hat.

Gundert blieb in Calw, Frau und Tochter kamen aus Indien nach, seine Söhne, die im Basler Kinderhaus untergebracht waren, kamen ebenfalls hierher. Das Verlagsprogramm umfasste während der Zeit seiner Leitung Monatsschriften für die Mission, weiterhin die *Zweymal zwey und fünfzig biblischen Geschichten*, eine Bibelerklärung, kirchengeschichtliche Bücher und christliche Schulbücher. Alle diese Publikationen hatten das Ziel, den Leser zu erbauen und ihm Gottes Wirken in der Welt aufzuzeigen.

Im Jahr 1862 wurde Gundert alleiniger Verlagsleiter, und die Verlagsarbeit nahm derart zu, dass er sich nach einem Mitarbeiter umsehen musste. Gerne hätte er seinen in Amerika lebenden Sohn Hermann als Mitarbeiter nach Calw geholt, doch dessen Familie lehnte eine Rückkehr nach Deutschland ab. So wurde im Jahr 1873 der Indienmissionar Johannes Hesse, der auch wegen einer Krankheit nach Deutschland zurückgekehrt war, von der Basler Mission zur Mitarbeit im Verlagsverein entsandt. Gunderts Sohn **Friedrich Gundert (1847-1925)** trat 1875 in die Leitung des Verlagsvereins ein, und sein jüngster Sohn **David Gundert (1850-1945)**, seit 1878 in der Geschäftsführung, zog mit dem Verlag 1820 nach Stuttgart um, wo bereits schon länger eine Filiale bestand, so dass der Verlag fortan als „Verlagsbuchhandlung Calw und Stuttgart" firmierte.

Zusätzlich gründete dieser den Verlag D. Gundert, ebenfalls in Stuttgart, der sich vor allem auf Bücher für Jugendliche spezialisierte. Unter Hermann Gunderts Verlagsleitung erweiterte sich das Verlagsspektrum erheblich. Die Missionsliteratur blieb fester Bestandteil, der Verlag nahm aber wissenschaftlich-theologische und philosophische Werke in das Programm auf, der Kinder- und Schulbuchbereich wurde verkleinert (Lahmann 1999, 16).

„Von der Mutter habe ich die Leidenschaftlichkeit des Temperaments geerbt, die heftige, sensationslustige Phantasie, außerdem die musikalische Begabung", schrieb Hermann Hesse nach dem Tod von **Marie Hesse (1842-1902)**, geborene Gundert (Lahmann et al. 2002, 6). Marie Hesse war das vierte Kind des Verlagsleiters Hermann Gundert und war in Indien zur Welt gekommen. Dort, in Haiderabad, war sie mit ihrem ersten Mann Charles Isenberg (1840-1870) in der christlichen Mission tätig. Wegen einer schweren Erkrankung ihres Mannes kehrte die Familie überstürzt nach Deutschland zu Maries Vater nach Calw zurück, wo Charles Isenberg im Februar 1870 starb. Gegen den Widerstand der Familie übernahm sie im Sommer 1871 an der Calwer Realschule einen einjährigen Lehrauftrag in Englisch (Lahmann et al. 2002) – die erste Frau Württembergs, die an einer höheren Schule unterrichtete.

Im „Calwer Verlagsverein" lernte Marie Gundert dann drei Jahre später Johannes Hesse kennen und heiratete ihn am 22.November 1874. Marie Hesse war ebenfalls schriftstellerisch tätig – sie verfasste Gedichte, von denen der junge Hermann Hesse, Marie und Johannes Hesses Sohn, einmal sagte: „Da sind eben meine erbärmlichen Verslein noch lange nichts dagegen."

Darüber hinaus schrieb Marie Hesse selbst erzählerische Bücher: über ihre Erlebnisse als Missionsfrau in Indien *Deutsche im Osten,* sowie Biografien über die Missionare *David Livingstone, der Freund Afrikas,* sowie *Jakob Hannington, ein Märtyrer für Uganda.*

Johannes Hesse (1847-1916), geboren 1847 in Weißenstein in Estland, 1869 ordinierter evangelischer Theologe und Missionar, war vor seiner Tätigkeit für den Verlagsverein wie Gundert als Missionar in Indien tätig und erwarb sich dort Kenntnisse der kanaresischen Sprache. Ab 1873 Gehilfe Hermann Gunderts im Verlagsverein, übernahm der die Schriftleitung des *Missions-magazins* und lehrte von 1881 bis 1886 Missionsgeschichte und Missionslehre in Basel. Von 1893 bis 1905 leitete er dann den „Calwer Verlagsverein", gab dort in der Nachfolge von C.G. Barth und Hermann Gundert zahlreiche Zeitschriften und Missionsbücher heraus und verfasste viele Zeitschriftenartikel und Bücher, darunter auch die erste Biographie über seinen Schwiegervater.

Das zweite Kind der Ehe zwischen Marie Gundert und Johannes Hesse war **Hermann Hesse**, geboren 1877, der spätere Literatur-nobelpreisträger.

Die Übersetzungen der Bibel, die christliche Mission und die Verbreitung der Schriften des „Calwer Verlagsvereins" in über 80 Ländern trugen auch die Namen der Verleger Barth, Gundert und Hesse und den Namen des Verlages weit hinaus in die Welt, so wie später der Name des „Verlagsnachkommens" Hermann Hesse und seine Werke in aller Welt bekannt sein sollten.

Einem anderen Enkel Hermann Gunderts und Vetter Hermann Hesses, der diesem den zweiten Teil seiner Erzählung *Siddhartha* gewidmet hat, verdankt das zwanzigste Jahrhundert eine der beeindruckendsten Übersetzungsleistungen der deutschen Literatur: **Wilhelm Gundert (1880-1971)** verwendete fast zwanzig Jahre darauf, das zentrale Werk des chinesischen Chan-Buddhismus, des Vorgängers des japanischen Zen, zu übertragen und zu kommentieren. Das *BI-YÄN-LU, Meister Yüan-wu's Niederschrift von der Smaragdenen Felswand* (entstanden 1111-1115) gibt in einhundert Kapiteln eine Summe des buddhistischen Gedankengutes in der Chan-Tradition; und die Erschließung nicht nur des Sinns, sondern schon allein der Quellen stellt den Europäer vor nahezu unlösbare Aufgaben, die Gundert nicht nur mit profunder wissenschaftlicher Kenntnis, sondern auch mit einer besonderen Einfühlsamkeit zu bewältigen wusste.

Gundert wurde in Stuttgart geboren, wo sein Vater David die Filiale des „Calwer Verlagsvereins" leitete. Er studierte in Tübingen und Halle Theologie. 1906 ging er als kirchlich-organisatorisch ungebundener Missionar nach Japan, wo er nicht nur die Landessprache und das Chinesische lernte, sondern auch an den Hochschulen in Kumamoto und Mito Deutsch unterrichtete. In der Folgezeit entwickelte er sich zu dem vielleicht bedeutendsten Japanologen seiner Zeit, der mit Arbeiten wie der *Japanischen Literatur* (1929) und der *Japanischen Religionsgeschichte* (1935) noch heute grundlegende Beiträge lieferte. Er vertrat die Japanistik als Lehrstuhlinhaber von 1936 bis zu seiner Emeritierung 1945 in Hamburg.

Neben dieser wissenschaftlichen Beschäftigung pflegte er seine Liebe zur Literatur, die 1952 mit der Herausgabe des Bandes *Lyrik des Ostens,* in dem er die Verantwortung für die chinesische und japanische Dichtung übernahm, einen ersten Höhepunkt erreichte. In diesem mehrfach aufgelegten Band findet sich eine Vielzahl von Übertragungen aus Gunderts Feder. Mit der Übertragung und Kommentierung des BI-YÄN-LU krönte er seine Vermittlertätigkeit zwischen dem Fernen Osten und seiner heimischen deutschen Kultur, konnte das Werk aber leider nur zu etwa zwei Dritteln fertig stellen.

„Wenn, was von Herzen kommt, gleichviel aus welchem Land, in unserer Mitte Menschen findet, denen es zu Herzen geht, so wird erwiesen, dass eine Tiefe vorhanden ist, in welche die Zerrissenheit der Welt vom Westen nach Osten nicht hinabreicht, und in welcher alle sich finden können, die aus ihr leben" – so schließt das Nachwort Gunderts zur *Lyrik des Ostens* (Gundert et al., 1952/1978), und es ist zugleich ein würdiges Motto über dem Wirken der in diesem Kapitel genannten Männer, die sich, hier in Calw oder von Calw ausgehend, um die Vermittlung der entlegensten Weltgegenden verdient gemacht haben.

Die weiteren Geschicke des Calwer Verlagsvereins banden diesen eng an die Württembergische Landeskirche und führten ihn nach Stuttgart, wo **Friedrich Gundert jun.**, der Sohn David Gunderts, Geschäftsführer des jetzt als Calwer Verlagsbuchhandlung firmierenden Verlages fungierte. Im Zweiten Weltkrieg wurde das Verlagsgebäude mit dem Archiv zerstört. Gleich 1945 erhielt Friedrich Gundert jun. wieder die Lizenz zur Verlagstätigkeit, aber mit seinem Tod endete die Verlagstätigkeit, erst 1956 ging die Arbeit in den Räumen des Verlages J.F. Steinkopf weiter, 1966 wurde das alte Verlagsgebäude wieder aufgebaut, und seit 1979 befindet sich der sich jetzt „Calwer Verlag" nennende Abkömmling des Calwer Verlagsvereins in Stuttgart-Plieningen, weiterhin aktiv im Bereich der christlichen Erbauungsliteratur.

Die Autoren (Werkauswahl):

Barth,Christian Gottlob:
(Hrsg.): *Zweymal zwey und fünfzig biblische Geschichten für Schulen und Familien.* Zweite Auflage. Calw: Federhaff 1832 (ab 1833 im „Verlag der Vereinsbuchhandlung, Calw; bis 1933 insgesamt 476 Auflagen mit jeweils mindestens 5.000 Exemplaren; in siebzig Sprachen übersetzt).
Christliche Kinderschriften. Band 1-4. Stuttgart: Steinkopf 1838-1841.
Geschichte von Württemberg. Neu erzählt für den Bürger und Landmann. 1843/1986.

Gundert, Adele:
Marie Hesse. *Ein Lebensbild in Briefen und Tagebüchern.* Stuttgart: Gundert 1940 (11.-13. Tsd.).

Gundert, Hermann:
A Grammar of the Malayalam Language. 2nd ed. Completet. Mangalore: Pfleiderer & Riehm 1868.
A Malayalam and English Dictionary. Mangalore: Basel Mission Book & Tract Depository 1872.
Geschichte der evangelischen Mission. 1881.
Calwer Bibellexikon. 1885.
Die evangelische Mission, ihre Länder, Völker und Arbeiten. Calw, Stuttgart:

Verlag der Vereinsbuchhandlung, 3. Aufl. 1894.
Gunderts Calwer Tagebuch 1859-1893, hrsg. von Albrecht Frenz, Stuttgart 1986.

Gundert, Wilhelm
Japanische Literatur. 1929.
Japanische Religionsgeschichte. 1935.
mit Schimmel, Annemarie und Walther Schubring (Hrsg.): *Lyrik des Ostens.*
München: Hanser 1978 (zuerst 1952).
(Hrsg.): BI-YÄN-LU. *Meister Yüan-Wu's Niederschrift von der Smaragdenen Felswand.* Verdeutscht und erläutert von W.G. München: Hanser 1960
(1. Band), 1967 (2. Band), 1973 (3. Band, aus dem Nachlass herausgegeben
von Günther Debon).

Hesse, Johannes (Quelle: Lahmann 1999, 67 f.):
*Warum bist du nicht glücklich? Eine Frage an alle Gebundenen, insbesonde-
re an die Sklaven der stummen oder geheimen Sünde.* 1875, 1885/2.
*Biblische Übungen. 1500 Fragen und Antworten zum Gebrauch für Bibel-
leser, insbesondere für Jünglingsvereine, Sonntagsschullehrer usw.* 1889.
*Die Mission auf der Kanzel. Ein missionshomiletisches Hilfs- und Hand-
buch.* 1889. 1897/2, 1930/3.
*Die Mission auf der Kanzel. Texte, Themata, Dispositionen und Quellen-
nachweise für Missionsvorträge.* 1889.
*Das Missionsjahrhundert. Züge aus dem Missionarsleben der Gegenwart.
Insbesondere zum Vorlesen in Missionsvereinen.* 1893, 1900/2.
Aus Dr. Hermann Gundert's Leben. 1894, 2. Aufl. 1894, 1907/2.
Joseph Josenhans. *Ein Lebensbild.* 1895.
Die Heiden und wir. 220 Geschichten und Beispiele aus der Heidenmission.
1901, 1906/2.
Frühlingswehen in der Völkerwelt. 45 Missionsgeschichten. 1908.
Sind wir noch Christen? Eine neutestamentliche Studie. 1910.
Vom Segensgang der Bibel durch die Heidenwelt. 1910.
Der Mann Gottes. Aus Henry Martyns Leben. 1913.
Laotse. Ein vorchristlicher Wahrheitszeuge. 1914.
Die Bibel als Kriegsbuch. 1916.
Das Spiel im häuslichen Kreise (o.J.).
Korntal einst und jetzt (o.J.).
als A.S. Thenes (Pseudonym): *Guter Rat für Leidende.* 1909.

Hesse, Marie:

Deutsche im Osten. 1872.

David Livingstone. Der Freund Afrikas. Calw: Verlag der Vereinsbuchhandlung 1892. (Calwer Familienbibliothek Bd. 26).

Jakob Hannington, ein Märtyrer für Uganda. 1891.

Julie Gundert geb. Dubois. 1897.

5. Die schönste Stadt von allen aber, die ich kenne ...
Hermann Hesse und „sein" Calw

Hermann Hesse (1877-1962): Was hat diesen Dichter, selbst in Zeiten, als er in Calw als „vaterlandsloser Gesell" verschrien wurde, oder dann, als der Ruhm schließlich von allen Seiten, auch aus Calw, auf ihn einstürmte, als ihm der Nobelpreis verliehen wurde und er in den Olymp der Literatur aufgenommen wurde – was hat ihn in diesen Zeiten an die Stadt seiner Kindheit gebunden? Ihn, der ob der Anwürfe verletzt hätte sein müssen, dem aber auch jeder öffentliche Ruhm um seine Person zuwider war? Was veranlasste ihn, zu sagen: *Noch immer ist die Vaterstadt für mich Vorbild, Urbild der Stadt, und die Gassen, Häuser, Menschen und Geschichten dort Vorbild und Urbild aller Menschenheimaten und Menschengeschicke,* wie er in einem Brief im Jahr 1932 schreibt (Schnierle-Lutz 2007, 11).

Und warum sieht derjenige, der diese Stadt Calw kennt und deren Gassen und Menschen, warum sieht der Kenner von Hesses Werken die Winkel und Geräusche dieser kleinen Stadt im schwäbischen Schwarzwald in beinahe jedem literarischen Werk von Hermann Hesse aufs Neue aufscheinen? Was hat dieser Ort, eingekeilt zwischen die Berge, mit dem Fluss Nagold an der Seite, am Rande des Schwarzwaldes, wo seit Menschengedenken ein harter Dialekt gesprochen wird, was hat dieses einst blühende Handwerker- und Kaufmannsstädtchen an sich, dass von hier aus scheinbar bevorzugt Literatur, ja einmal sogar Weltliteratur, ihre Bahn in die Welt hinaus fand?

Zwischen Bremen und Neapel, zwischen Wien und Singapore habe ich manche hübsche Stadt gesehen, Städte am Meer und Städte hoch auf Bergen ... Die schönste Stadt von allen aber, die ich kenne, ist Calw an der Nagold, ein kleines, altes, schwäbisches Schwarzwaldstädtchen, schrieb er in seinem Text „Heimat" (1918, in: Gerbersau – Hesse 2000ff., Bd. 12 Autobiografische Schriften II, S. 76f.).

Hermann Hesse, 1877 geboren in Calw. Erst Lateinschüler hier, dann Klosterschüler in Maulbronn.
Vieles, was später aufscheint und wesentlich wird im Werk Hermann Hesses ist in seiner Kindheit in Calw angelegt, im Elternhaus, in der Kleinheit der Stadt, in der scheinbaren Enge des hier gelebten Pietismus bei gleichzeitiger Weltoffenheit des Eltern- und Großelternhauses, der Internationalität der Herkunft.

„Es ist eine männliche, schwäbisch-protestantische Welt mit allttestamentarischen Zügen, Bibelgläubigkeit, Schulzucht, der feste Glaube an die Perfektibilität, an die Erziehbarkeit des Menschen, Moralität als selbstverständliche Verpflichtung, Verzicht als sittlicher Wert sind Stichworte dieser Welt", charakterisiert der Kenner schwäbischen Geisteslebens Bernhard Zeller dieses geistige Klima (Zeller 2005, 69).

Hesse rebelliert – und ist zugleich fasziniert. Dass sich bei ihm Kinderheimat, diese kleine Stadt im Schwarzwald, mit dem Werk kreuzen, hebt er in seiner Betrachtung *Heimat* (in: Gerbersau, 1949) hervor: *Daher hat die Stadt Calw diese merkwürdige Schönheit. Zu beschreiben brauche ich sie nicht, das steht in fast allen Büchern, die ich geschrieben habe. Ich hätte sie nicht zu schreiben brauchen, wenn ich in diesem schönen Calw geblieben wäre. Das war mir nicht bestimmt.*

„Menschen aus vielen Ländern kannten, verehrten und besuchten meinen Großvater, sprachen mit ihm englisch, französisch, indisch, italienisch, malaiisch, und reisten nach langen Gesprächen wieder weg … Viele Welten, viele Teile der Erde streckten Arme und Strahlen aus und trafen und kreuzten sich in unserem Hause … Gäste kamen aus vielen Ländern, den Hauch von Fremde und Ausland an den Kleidern, mit absonderlichen Koffern aus Leder und aus Bastgeflecht und dem Klang fremder Sprachen (Hesse 2002, 176f.).

An seine Schulzeit in Calw hat Hesse wenig gute Erinnerungen: „Die Schule behielt für mich alle die Jahre bis zum vierzehnten hindurch die Schwüle einer Zwangsanstalt. Wieviel von meinem Leben und meiner Verbitterung, neben meinen eigenen Fehlern, der ganzen Erziehungsart zur Last fällt, kann ich nicht beurteilen; aber in den acht Jahren, welche ich in den niederen Schulen zubrachte, fand ich nur einen einzigen Lehrer, den ich liebte und dem ich dankbar sein kann. Wer die Kinderseele ein wenig kennt und selber einen Rest ihrer Zartheit sich bewahrt hat, der kennt das Leiden, dessen ein Schulknabe fähig ist, und zittert noch in Scham und Zorn, wenn er sich der Rohheiten mancher Schulmeister erinnert, der Quälereien, der berührten Wunden, der grausamen Strafen, der unzähligen Schamlosigkeiten. Ich meine die Frevel, die an dem Glauben und dem Rechtssinn des Kindes geschehen, die rohen Antworten auf schüchterne Kinderfragen, den Spott als Antwort auf kindergläubige Naivitäten" (Hesse 1901, 31).

Nach dem Scheitern seines Versuchs einer Ausbildung an der Klosterschule kam er als Mechanikerlehrling wieder in seine Geburtsstadt zurück. Er war ein Rebell gegen das Elternhaus und damit gegen die Gesellschaft, die von diesem Elternhaus verkörpert wurde; so ging er als Buchhändlerlehrling nach Tübingen und als Sortimentsgehilfe und Antiquar nach Basel, und dort erst, im beruflichen Umgang mit Büchern, schien er seine Bestimmung zu finden. Mit dem Roman *Peter Camenzind* (erschienen 1904) erfolgte in den Jahren 1901 bis 1903 der literarische Befreiungsschlag. In Gaienhofen am Bodensee ließ er sich als freier Schriftsteller und Familienvater nieder. Mit *Unterm Rad* (1905, entstanden 1903/1904 in Calw und Gaienhofen) gestaltete er noch ein Calwer Thema literarisch: die Schulzeit in seiner Heimatstadt und in Maulbronn, das Zerbrechen am Schulsystem, das in dieser Zeit geprägt war von pädagogischer Engstirnigkeit. Seine nächsten Stationen waren Gaienhofen am Bodensee und Bern in der Schweiz. Der Versuch, eine im herkömmlichen Sinne bürgerliche Existenz aufzubauen, misslang hier endgültig, es scheiterte der Plan eines Lebens mit Familie. Hesse zog allein ins schweizerische Tessin, nach Montagnola, und schrieb dort seine größten Romane: *Demian* (1919), *Siddhartha* (1922), *Der Steppenwolf* (1927), *Das Glasperlenspiel* (1943) – Werke, die den Ruf des Dichters Hermann Hesse als Gestalter der Gespaltenheit des Individuums in der modernen Welt begründeten.

Calw, die Kinderheimat, ist immer wieder Thema seiner schriftstellerischen Arbeit. Er „hat rund drei Dutzend Erzählungen und Erinnerungen hinterlassen, deren Schauplätze Calwer Bürger sofort an Örtlichkeiten ihrer Stadt erinnern. Allerdings wird Calw in den Erzählungen nicht erwähnt. Das Städtchen, in dem die Handlung spielt, heißt in den meisten Erzählungen Gerbersau" (Schnierle-Lutz 2007, 5). Dieses Gerbersau (Calw) lässt sich bei Hermann Hesse wie ein roter Faden durch sein ganzes Werk verfolgen: „Hermann Hesse hat mit seinen Gerbersauer Erzählungen den Kosmos einer schwäbischen Kleinstadt gegen Ende des 19. Jahrhunderts in einer Form und Intensität beschrieben, die in der Literatur kaum ihresgleichen hat. Und seiner Geburts- und Heimatstadt Calw, die ihn dazu befähigte und den Beobachtungen, Erfahrungen und Erkenntnissen, die er maßgeblich in ihr machte und gewann, hat er einen speziellen Schatz hinterlassen, den keine andere Stadt vergleichbarer Größe vorweisen kann" (Schnierle-Lutz 2007, 11).

Hermann Hesse kritisierte früh den Nationalsozialismus und ließ sich nicht vereinnahmen, nahm dafür in Kauf, selbst in der Stadt seiner Kindheit als Feind angesehen zu werden und *Das Glasperlenspiel,* seinen größten Roman, in der Schweiz verlegen zu müssen. Schon 1946, gleich nach dem Ende des Krieges, bekam er den Literaturnobelpreis zugesprochen – sicher auch ein Fingerzeig auf das bessere, das geistige Deutschland, auf den „besseren" Deutschen, der sich ins Tessin nach Montagnola zurückgezogen hatte: Hermann Hesse als Vertreter einer reineren Ausprägung deutschen Geistes, als Fortführer der Traditionen des Humanismus in Deutschland über die dunkelste Phase der deutschen Geschichte hinweg und als Sucher nach der „Einheit hinter den Gegensätzen", der die Verbundenheit der Kulturen, der Religionen, in allen seinen Werken bejahte, und dessen Werk ein einziger Ruf nach Toleranz, nach dem Miteinander der Kulturen darstellt.

Heute ist Hermann Hesse mit einer Auflage von über 120 Millionen Büchern der meistgelesene Autor deutscher Sprache weltweit.

Auch ein Jugendfreund Hermann Hesses, der spätere Arzt und Schriftsteller **Ludwig Finckh (1876-1964)**, der in Hesses Nähe an den Bodensee übersiedelt war und dort sesshaft blieb, mit dem sich Hesse später freilich, wegen dessen nicht genügender Abgrenzung zu den Ideen des Nationalsozialismus, überwarf, kam manchmal als Gast der Arztfamilie Römer nach Hirsau und schrieb in diesem Haus unter anderem den Roman über den Erfinder Robert Mayer (aus: Bran 1985, 16).

Eine viel gelesene Kinder- und Jugendbuchschriftstellerin war **Agnes Sapper (1852-1929)**. In München geboren, kam sie im Jahr 1892 – noch während Hesses Jugendzeit in Calw – hierher, wo ihr Mann die Stelle eines Gerichtsnotars übernommen hat. Beeinflusst von den damaligen Reformbestrebungen, begann sie zu schreiben, und ihr erster Erzählband erschien gerade während

dieser Zeit (Schnierle-Lutz 2008, 103). In der Zeit in Calw entstanden ihre bekanntesten Bücher: „Gretchen Rheinwalds erstes
Schuljahr" und die historische Erzählung „Kuni und ihr Pate Valentin Andreä" – angeregt, wie sie selbst sagte, durch die historische Ausstrahlung des Städtchens Calw (Schnierle-Lutz 2008,
a.a.O.). Sie schrieb „unmittelbar und lebensnah ... ohne gehobe-
nen Zeigefinger und mit großem Humor" (Lahmann et al. 2002,
37). Nach dem Tod ihres Mannes zog Agnes Sapper mit ihren
Töchtern nach Würzburg, wo sie noch weitere Bücher veröffentlichte.

Auch der Name eines Zeitgenossen von Hermann Hesse mit einer
Bindung an Calw, **Georg von der Vring (1889-1968),** muss hier
genannt werden. Der 1889 im niederdeutschen Brake geborene
Lyriker, studierte Lehrer und bildende Künstler, verbrachte fast
ein Viertel seines langen Lebens, die Jahre von 1930 bis 1951, in
Württemberg, und einige Zeit davon in Calw. Von der Vring schrieb
neben der Lyrik, mit der er bis heute Bestand hat, zahlreiche Romane, historische und Soldaten-Romane. Sein Verhältnis zum
Nationalsozialismus war ambivalent, er kann nicht eindeutig als
Unterstützer, aber auch nicht als Gegner eingestuft werden. Für
Georg von der Vring war die Landschaft der Schwaben, auch die
um Calw, Anreger und Gegenstand seiner Naturlyrik, die bis heute als bedeutend eingestuft wird. Auch als Übersetzer franzö-
sisch- und englischsprachiger Lyrik hat er sich einen Namen gemacht. Seine Verehrung für Hermann Hesse (und Rudolf Alexander Schröder) fasste er in einem 1964 erschienenen Gedicht in
Worte:

Schröder und Hesse erinnernd

Es lebt, weil ihr nicht lebt, kein Sänger mehr.
Vielleicht, dass einer kommt; ich weiß es nicht.
Unschuldig ruft der Kuckuck im Revier –
Kenn niemand, der so ernstlich spricht.

Des einen Lied vernahm ich früh und schrieb
Ihm einen Brief. Den andern hab ich wo gesehn.
Zweimal war Krieg; doch euer Liedsang blieb,
Ihm ist kein Ungemach geschehn.

So träum ich hin und weiß den Abend schon.
Doch steht mein Herz im Einklang vor der Nacht,
„Vernehm ich euren Ton, den zartesten Ton",
„Vom Ahornschatten kühl bewacht".
(Rothfuss 2001, 43)

Weithin vergessen ist heute ein anderer Zeitgenosse, **Hanns Vogts (1900-1976)**, ein in Mönchengladbach geborener Lyriker, Dramatiker und Essayist. Er lebte einige Jahre lang in Calw, und diese Stadt hat Spuren in seiner Dichtung hinterlassen. April 1945 ist ein Gedicht von ihm überschrieben, in dem er das Ende des Krieges in Calw beschreibt:

April 1945

Erinnerung:
Die schöne Sandsteinbrücke
in Calw an der Nagold,
15. April des Jahres –
Die Sprengkammern waren gefüllt,
die Zündschnüre lagen bereit.
Anderswo gingen die Brücken
und Viadukte hoch.
Hier aber, hier:
Fluchend zogen ab die Zerstörer.
Wenige wußten,
wie es geschehen konnte,
daß nichts geschah.
(Rothfuss 2001, 44, aus: Vogts 1970)

Im Jahr 1939 war Vogts nach Calw gekommen, wo er Handels-
lehrer und mit Kriegsbeginn auch Heimleiter an der Spöhrerschen
Handelsschule wurde. Von September bis November 1943 war
er für kurze Zeit Soldat, wurde aber wegen eines Herzleidens
entlassen. Nach seiner Rückkehr nach Calw war er, der schon
früh wegen seiner Sympathien zu kommunistischen Ideen verfolgt worden war, unter anderem mit dem Maler Kurt Weinhold
im Rahmen des Möglichen gegen das Regime der Nationalsozialisten tätig. Nach Kriegsende war Hanns Vogts Mitglied des Kreis-
vertrauensrates und des Kreiskulturkomitees im neuen Kreis Calw
geworden. Wohl in dieser Eigenschaft beschlagnahmte er, nach
eigenen Angaben, bei Hellmuth Langenbucher, dem Schriftleiter
des Börsenblattes für den deutschen Buchhandel während der
Zeit des Nationalsozialismus, im nahen Schömberg die umfangreiche Korrespondenz und das Archiv der Schriftleitung des Börsenblattes aus den Jahren 1931 bis 1946.

Im Juli 1947 übersiedelte Vogts nach Wildbad, wo er seine schrift-
stellerische Tätigkeit umfassender wieder aufnahm. Erstmals seit
1933 erschienen seine Gedichte wieder in Zeitschriften. Seit Oktober 1946 war er Teilhaber des Verlages für Jugendschriften
von Gerd Oppenheimer, aus dem sich in der folgenden Zeit der
PAN-Verlag entwickelte, dessen Mitgesellschafter und Cheflek-
tor Vogts wurde. Hier wurde auch sein Jugendbuch *Elf Jungens
und ein Fußball* (1947), illustriert durch den Calwer Maler Kurt
Weinhold, veröffentlicht und mehrfach aufgelegt, das erfolgreich-
ste Jugendbuch seiner Zeit, sowie der Gedichtband *Und es wird
Abend und Morgen* (1948). Vogts arbeitete weiter als freier Schriftsteller, es erschien sein Jugendbuch *Robinson am Rhein* (1951),
der Gedichtband *Und wir leben auf der Erde (1952)* und das
Jugendbuch *Start ins Leben* (1954). Mitte der Fünfzigerjahre zog
Vogts nach Freudenstadt, wo sein siebentes Drama *Bunkertheater*
entstand. In den folgenden Jahren erschienen seine Gedichte weiter
in Anthologien und Zeitschriften, zu seinem 70. Geburtstag wurde der Gedichtband *Tätowierter Tag* veröffentlicht. Hanns Vogts
starb 1976 in Freudenstadt.

Eine Zeit ihres Lebens lebte auch die Lehrerin, Übersetzerin und Dichterin **Gertrud Ingeborg Klett (1871-1917)** in Hirsau und Calw. Als elfjähriges Mädchen war sie 1882 mit ihren Eltern Marie und Major Maximilian Philipp Friedrich Klett nach Hirsau gekommen, später lebte die Familie in Calw. „Als lebhaftes, kreatives Kind schreibt sie kleine Theaterstücke, die sie mit Freundinnen und Freunden bei Familienfesten aufführt. Sie lernt Klavierspielen und beginnt eine Ausbildung am Konservatorium in Stuttgart, die sie aber abbricht" (Lahmann/Ehnis 2007, 8).

Gertrud Klett führte ein unstetes Leben, als rauchende junge Frau brach sie 20jährig nach Schweden auf, um dort zu leben. Außergewöhnlich. In Berlin schloss sie die Lette-Schule ab und wurde Lehrerin für Stenografie und Schreibmaschine. Ab 1900 veröffentlichte sie Gedichte in Literaturzeitschriften und übersetzte nordische Schriftsteller, arbeitete für bekannte Verlage wie S. Fischer und Albert Langen, übersetzte Knut Hamsun, Henrik Ibsen, H.G. Wells – innerhalb 10 Jahren über 30 Bücher (alles aus Lahmann/Ehnis 2007). Als sie 1906 das kleine Gedichtbändchen „Aus jungen Tagen" herausbrachte, besprach Hermann Hesse die Arbeit. 1911 erschien ihr Bilderbuch „Weißt du wieviel Sternlein stehen?" mit Illustrationen von Anneliese von Lewinski. Dieser Titel wurde im Frühjahr 2004 vom Esslinger Verlag neu aufgelegt und von der Literaturkritikerin Iris Radisch in der ZEIT als „außergewöhnliches und wohltuendes" Bilderbuch besprochen" (Lahmann/Ehnis 2007, 8f.).

Es kam auch zu Begegnungen zwischen Gertrud Klett und Hesse. Ihre Mutter und Hesses Mutter kannten sich – sie waren sich im Mädcheninstitut in Basel und Korntal begegnet. 1904 traf Gertrud Klett den sechs Jahre jüngeren Hesse in Calw. Im Februar/ März 1907 zieht sie sogar mit Übersetzungstexten an den Bodensee. Sie schreibt: „Herrgott – wär mir das verleidet, wenn ich lange in der Nähe und in der Abhängigkeit – wie sie so ein kleiner und abgeschlossenere Winkel mit sich bringt – vom Hesse leben müsste!" (Lahmann/Ehnis 2007, 9).

Die Autoren (Werkauswahl):

Finckh, Ludwig
Der göttliche Ruf. Leben und Werk von Robert Mayer. 1932.

Hesse, Hermann:
Gesammelte Werke in 12 Bänden. Frankfurt/Main: Suhrkamp 1970 (als Ta-schenbuch-Ausgabe 1987 u.a.).
Sämtliche Werke in 20 Bänden. Hrsg. von Volker Michels. Frankfurt/Main: Suhrkamp 2000 ff.).
Gerbersau. 2 Bände. Hrsg. von Ernst Rheinwald und Otto Hartmann. Tü-bingen: Wunderlich 1949.
Prosa aus dem Nachlaß. Hrsg. von Ninon Hesse. Frankfurt/Main: Suhrkamp 1965.

Wichtigste Werke:
Peter Camenzind. Roman. 1904.
Unterm Rad. Erzählung. 1906.
Gertrud. Roman. 1910.
Roßhalde. Roman. 1913.
Knulp. Roman. 1915.
Demian. Roman. 1919.
Klingsors letzter Sommer. Erzählung. 1920.
Siddhartha. Roman. 1922.
Der Steppenwolf. Roman. 1927.
Narziß und Goldmund. Roman. 1930.
Die Morgenlandfahrt. Roman. 1932.
Das Glasperlenspiel. Roman. 1943.

Klett, Gertrud I.
Aus Jungen Tagen, Gedichte, 1906.
Weißt Du wieviel Sternlein stehen?, Bilderbuch, 1911/1994.

Sapper, Agnes:
*Kuni. Eine Geschichte aus dem Dreißigjährigen Krieg.*1896.
Gretchen Rheinwalds erstes Schuljahr. 1901.
Das kleine Dummerle. 1904.
Die Familie Pfäffling. 1906.
Werden und Wachsen der großen Pfäfflingskinder. 1910.
Gruß an die Freunde. Autobiografie. 1922.

Vogts, Hanns:
Elf Jungens und ein Fußball. Wildbad 1947, weitere Auflagen u.a. 1951, 1967.
Und es wird Abend und Morgen. Pappbilderbuch. Wildbad 1948.
Robinson am Rhein. Darmstadt 1951.
Und wir leben auf der Erde. Ausgewählte Gedichte. Wildbad 1952.
Start ins Leben. Berlin 1954.
Tätowierter Tag. Gedichte 1961-1970. Wiesbaden 1970.

Vring, Georg von der:
Muscheln, Berlin 1913
Soldat Suhren, Berlin 1927
Der Wettlauf mit der Rose, Stuttgart [u.a.] 1932
Das Blumenbuch, Dresden 1933
Garten der Kindheit, Hamburg 1937
Die kaukasische Flöte, Stuttgart 1939
Gesang im Schnee, München 1967
Die Gedichte, Ebenhausen bei München 1989
Aus Briefen und Gedichten von Georg von der Vring, 1889 – 1968 und *Therese von der Vring,* 1894 – 1927. Jaderberg 1996
Hundertzehn Gedichte. Ebenhausen bei München: Langewiesche-Brandt 2007.

6. Die Naturwissenschaftler.
Karpologie und die Kunst der Triangulation.

Nicht vergessen werden dürfen als große Persönlichkeiten der Calwer Kulturgeschichte die Naturwissenschaftler: Vater und Sohn Gärtner sowie Joseph Gottlieb Kölreuter, die drei berühmten Biologen und Botaniker. Diese bedeutenden Forscher haben nicht nur den Reigen der Bücher bereichert, die in Calw entstanden und von hier aus ihren Lauf in die Welt nahmen, sondern sie haben mit ihren Entdeckungen die Welt der wissenschaftlichen Botanik geradezu revolutioniert – „bahnbrechende Arbeiten auf dem Gebiet der Früchte- und Samenforschung, der Blütenbiologie und der Pflanzenbastardierung" (Graepel 1991).

Joseph Gärtner (1732-1791) war Anatom, Physiologe und Botaniker, Optiker und Mechaniker, er bereiste ganz Europa und kehrte doch als Arzt nach Calw zurück. Als Sohn einer bekannten Ärzte- und Apothekerfamilie in Calw geboren, studierte er in Tübingen und Göttingen Jura, Botanik, Mathematik und Medizin; zuerst Prosektor der Anatomie in Tübingen, war er ab 1768 Professor der Botanik und Naturgeschichte in Sankt Petersburg, wo er auch Direktor des botanischen Gartens und des naturhistorischen Kabinetts wurde. Von dort aus bereiste er für botanische Sammlungen die Ukraine. Doch schon 1770, zwei Jahre nach seiner Berufung nach Sankt Petersburg, kehrte er in seine Heimat nach Calw zurück und widmete sich ab diesem Zeitpunkt fast nur noch seiner größten Leidenschaft, der Botanik. Als Ergebnis seines Forschens veröffentlichte Gärtner in den Jahren 1788 und 1791 seine „Karpologie" (Früchtekunde), ein zweibändiges Werk mit dem Titel *De fructibus et seminibus plantarum (Über Früchte und Samen der Pflanzen)*, welches ihn berühmt machen sollte. Diese Karpologie begründete die Morphologie (Formenkunde) der Früchte und Samen und damit ein neues Pflanzensystem: Joseph Gärtner stellte die Gesetze der Botanik mit mathematischer Genauigkeit dar. Für nahezu hundert Jahre war dieses Buch unentbehrliches Nachschlagewerk für die sich mit wissenschaftlicher Botanik beschäftigenden Forscher und gehört bis heute zu den Grundlagenwerken der Pflanzenkunde; es trägt die Beschreibungen und Abbildungen der Früchte und Samen von 1722 Pflanzenarten aus der ganzen Welt zusammen. Die Veröffentlichung wurde damals von der französischen Akademie als eine derjenigen Arbeiten deklariert, welche die Wissenschaft in ihrer Zeit am meisten gefördert hat.

Joseph Gottlieb Kölreuter (1733-1806) war ebenfalls Botaniker und wurde in Sulz am Neckar geboren. Er hielt sich in den Jahren 1762 und 1763 in Calw auf. Mit der Familie Gärtner war er eng befreundet. J.G. Kölreuter unternahm viel beachtete Versuche und Beobachtungen über die Bastarderzeugungen im Pflanzenbereich und über die Geschlechtlichkeit der Pflanzen und legte mit seinen Veröffentlichungen den Grundstein für die weitere Forschungstätigkeit Karl Friedrich von Gärtners. Er wurde mit seinen Arbeiten zum Begründer der Blütenbiologie und der pflanzlichen Bastardierungskunde. Kölreuter, späterer Adjunkt der Kaiserlichen Akademie der Wissenschaften zu Sankt Petersburg und Direktor der fürstlichen botanischen Gärten mit dem Titel eines Rats und späteren Oberhofrats, dann Professor für Naturgeschichte in Karlsruhe, hatte in den Jahren 1761 bis 1766, also auch während seiner Calwer Zeit, sein vierteiliges Buch *Vorläufige Nachricht von einigen das Geschlecht der Pflanzen betreffenden Versuchen und Beobachtungen* veröffentlicht.

Karl Friedrich von Gärtner (1772-1850), Apotheker, Mediziner und Privatgelehrter, war der Sohn von Joseph Gärtner. Er war wie sein Vater zum Arzt ausgebildet, trieb physiologisch-chemische Studien und veröffentlichte hierüber kleine Abhandlungen. Als Doktor der Medizin eröffnete er 1799 eine Arztpraxis in Calw. Dann wandte er sich, wie der Vater, der Botanik zu. Er reiste nach Frankreich, England und Holland und arbeitete zunächst an der Herausgabe der Supplementbände zum Hauptwerk seines Vaters (erschienen 1805 bis 1807), die er mit eigenen Untersuchungsergebnissen ergänzte. Ab 1825 unternahm er selbst umfangreiche Versuche zur Befruchtung und Bastardierung von Pflanzen. Karl Friedrich von Gärtner lieferte schließlich den endgültigen experimentellen Nachweis über die pflanzliche Sexualität, um die vorher in der Wissenschaft über 150 Jahre lang gestritten worden war, und veröffentlichte diese Erkenntnisse in bahnbrechenden Werken über Sexualität und Bastardbefruchtung im Pflanzenreich, Ergebnis seiner über 25-jährigen Forschungstätigkeit: *Versuche und Beobachtungen über die Befruchtungsorgane der vollkommeneren Gewächse* (1844) und *Versuche und Beobachtungen über die Bastarderzeugung im Pflanzenreich* (1849) – Werke, die unter dem Siegel der königlich niederländischen Gesellschaft von Harlem erschienen. Sie bildeten eine wichtige Grundlage für die später von Gregor Mendel erforschten Vererbungsgesetze.

Nicht zuletzt für diese wissenschaftlichen Verdienste ernannte der württembergische König Karl Friedrich Gärtner 1846 zum Ritter des Ordens der württembergischen Krone und verlieh ihm den persönlichen Adel. Die Stadt Calw ehrte ihn mit der Verleihung des Calwer Bürgerrechtes.

Ein weiterer Naturwissenschaftler, der den Namen Calws mit seinen Werken weitbekannt gemacht hat, war der Physiker, Mathematiker, Astronom, Geodät und Kartograph **Johann Gottlieb Friedrich von Bohnenberger (1765-1831)**, der in Simmozheim als Sohn eines Pfarrers geboren wurde mit Schwarzwälder Flößern und Fischern als Vorfahren, in Tübingen Theologie, Physik und Mathematik studierte und 1789 Vikar beim Vater in Altburg bei Calw wurde. Sein Vater, Gottlieb Christian Bohnenberger, war ein Liebhaber der Physik und hatte sich ein kleines Laboratorium in Altburg eingerichtet. Dort bestimmte sein Sohn Johann Gottlieb Friedrich mit einem selbst gebauten, hölzernen Quadranten die geographische Lage des Ortes, an dem später unter seiner Leitung die Vermessung des gesamten Herzogtums Württemberg ansetzte. Hierüber veröffentlichte Johann Gottlieb Friedrich von Bohnenberger 1795 die Schrift *Anleitung zur geographischen Ortsbestimmung, vorzüglich vermittelst des Spiegelsextanten* – die ihn schnell international berühmt machte (Klemm et al. 2009, 17).

Johann Gottlieb Friedrich von Bohnenberger wird als „Universalgenie" bezeichnet. „Zu seinen wichtigsten Beiträgen für die Wissenschaft gehören seine Erfindung zur Messung der Schwerkraft, die Begründung der württembergischen Landesvermessung und die Erfindung des Gyroskops, des Vorläufers des Kreiselkompasses, der für die Navigation benötigt wird" (Klemm et al. 2009, 1). Bohnenberger lehnte Rufe an die Universitäten Freiburg/Breisgau, St. Petersburg und Bologna ab und setzte seine Arbeitskraft seiner württembergischen Heimat zur Verfügung. Im Jahr 1935 wurde ein Mondkrater nach ihm benannt.

In Altburg, einem Dorf nahe Calws, richtete sich Johann Gottlieb Friedrich von Bohnenberger auch ein „Klein-Observatorium", die so genannte „Sternwarte" in dem Laboratorium seines Vaters, ein – mit fünf Fenstern, die in jede Himmelsrichtung zeigen und äußerst günstigem Standort für astronomische Messungen – auf der Höhe und ruhig außerhalb des Ortes (Klemm et al. 2009, 15).

Die von Bohnenberger verwendete Methode der „Triangulation" ist noch heute Grundlage des Vermessungswesens durch Festpunkte. Ausgehend von einer schnurgeraden Straße – von Ludwigsburg zum Schloss Solitude – legte Bohnenberger 32.760 trigonometrische Punkte im Land Württemberg fest. Neben vielen wissenschaftlichen Arbeiten zur Landvermessung bleiben die „Charte von Schwaben" und die Entdeckung des Prinzips des Reversionspendels die herausragenden Werke Bohnenbergers – das erste Blatt mit dem Gebiet um Calw erschien 1798 im Cotta-Verlag, bestechend durch seine Genauigkeit und plastische Geländedarstellung sowie durch seine saubere technische Ausführung (Klemm et al. 2009, 17f.).

Ab 1798 wirkte Johann Gottlieb Friedrich von Bohnenberger als Professor der Mathematik und Astronomie, ab 1816 als Ordinarius mit Sitz und Stimme im Senat und Möglichkeit der Teilnahme an Fakultätssitzungen an der Universität Tübingen.

Dass Bohnenberger von Herkunft und Charakterschlag ein echter Schwarzwälder war, zeigt folgende Charakterisierung: „Zäh in seinem Willen, hart in seinen Sinnen, ausdauernd in der Arbeit wie im Genuss, geschickt mit der Hand, grüblerisch und findig im Verstand … Heimat und Familie über alles liebend" (Reist 1965, 222, nach Klemm et al. 2009, 17). Er wurde hoch geachtet, erhielt Verdienstorden, einen Ehrendoktor – und einen Adelstitel, „die ihn aber wenig interessierten" (Klemm et al. 2009, 17). Er war darüber hinaus zum korrespondierenden Mitglied der Akademie von München (1804), der Pariser Akademie (1820) und der Akademie von Berlin (1826) berufen worden.

Über seinen Tod klagte der berühmte Mathematiker Carl Friedrich Gauß in Göttingen: „Es ist ein großer Verlust für die Wissenschaft" (Gebauer/Würfele 2005, 65).

Die Wissenschaftler (Werkauswahl):

Bohnenberger, Johann Gottlieb Friedrich von:
Anleitung zur geographischen Ortsbestimmung, vorzüglich vermittelst des Spiegelsextanten. 1795.
Charte von Schwaben / trigonometrisch aufgenommen und gezeichnet von Prof. Bohnenberger und I.A. v. Amman. Hrsg. vom Landesvermessungsamt Baden-Württemberg. Stuttgart 1993 (Nachdr. der Ausgabe von 1808).
Astronomie. Lehrbuch. 1811.
Anfangsgründe der höheren Analysis. Lehrbuch. 1811.

Gärtner, Joseph: *De fructibus et seminibus plantarum.* Band 1: Stuttgart 1788. Band 2: Tübingen 1791. Band 3: *Supplementum Carpologiae,* bearb. Von Karl Friedrich von Gärtner. Leipzig 1805. (Nachdruck: Amsterdam: Ascher 1974).

Gärtner, Karl Friedrich von:
Versuche und Beobachtungen über die Befruchtungsorgane der vollkommeneren Gewächse und über die natürliche und künstliche Befruchtung durch den eigenen Pollen. Stuttgart: Schweizerbart 1844.
Versuche und Beobachtungen über die Bastarderzeugung im Pflanzenreich. Stuttgart 1849.

Kölreuter, Joseph Gottlieb:
Vorlaeufige Nachricht von einigen das Geschlechtder Pflanzen betreffenden Versuchen und Beobachtungen. Vier Bände. Leipzig: Gleditsch ab 1761. Neudruck: *Joseph Gottlieb Kölreuter's Vorläufige Nachricht von einigen das Geschlecht der Pflanzen betreffenden Versuchen und Beobachtungen, nebst Fortsetzungen 1, 2 und 3* (1761-1766). Leipzig: Engelmann 1893 (Ostwalds Klassiker der exakten Wissenschaften 41).

7. Historiker, Bibliothekare und Forscher.
„Wirtembergische Geschichte".

Christoph Friedrich von Stälin (1805-1873), Historiker und
Bibliothekar, war im 19. Jahrhundert anerkannter Geschichts-
wissenschaftler und königlicher Bibliotheksdirektor in Suttgart,
der mit seiner in sechs Bänden erschienenen *Wirtembergischen
Geschichte* die Geschichte Württembergs von den Anfängen bis
zum Ende des 16. Jahrhunderts in einer auch für heutige Benut-
zer noch überaus ergiebigen Fülle zusammengetragen und damit
die erste zusammenfassende Darstellung dieser Art vorgelegt hat.
Stälin wurde im Jahr 1805 in Calw in der Unteren Ledergasse
geboren. Er war der Sohn des Kaufmanns Jakob Friedrich Stälin,
der, seit 1783 in Calw ansässig, „Compagnie-Verwandter" wurde, und ab 1809 Chef der Holzhandlung Stälin und Comp. war.
Die Mutter war eine Tochter des angesehenen Calwer Kaufmanns-
geschlechts Dörtenbach.
Sohn Christoph Friedrich besuchte die Calwer Lateinschule, dann
das Gymnasium in Stuttgart und studierte Philosophie, Theologie
und Philologie in Heidelberg und Tübingen. Studienreisen führten
ihn nach München, Paris, London und Oxford. Er verbrachte
Studienzeiten in Göttingen und dann in Venedig, Mailand und Rom.
Christoph Friedrich Stälin wurde früh, im Jahr 1825, Wirklicher
Bibliothekar, dann Oberstudienrat an der königlich-öffentlichen
Bibliothek in Stuttgart, zu deren Oberbibliothekar und Direktor er
1846 berufen wurde. Insgesamt 48 Jahre lang wirkte Christoph
Friedrich von Stälin an dieser Bibliothek. Ab 1830 war er darüber

hinaus Leiter des Königlichen Münz- und Kunstkabinetts sowie des Lapidariums, im Jahre 1843 gründete er den Württembergischen Altertumsverein.

In den ersten Jahren seiner beruflichen Tätigkeit arbeitete Stälin fast ausschließlich sammelnd, wurde dann aber immer mehr zum produzierenden Gelehrten. In zahllosen Publikationen gab er von seinem immensen Wissensschatz weiter. Als Stälins Lebenswerk gilt die *Wirtembergische Geschichte,* die Ausdruck dieses Prozesses des Sammelns und Weitergebens ist. Der erste Band dieses Werkes erschien 1841, der letzte als dritter Teilband des vierten Bandes nach Stälins Tod im Jahr 1873. In dieser *Wirtembergischen Geschichte* wird deutlich, worum es dem ganz zum Historiker gewordenen Bibliotheksdirektor in seiner Geschichtsdarstellung ging: um menschliche Anteilnahme, auch um Nebensächlichkeiten, die auf den Fortgang von Geschichte wirken, gleichzeitig aber um wissenschaftliche Präzision in der Darstellung. Weitere bedeutende Werke von Christoph Friedrich Stälin sind die Wirtembergischen Jahrbücher, seine Oberamtsbeschreibungen, für die er bis 1870 verantwortlich zeichnete, sowie das *Wirtembergische Urkundenbuch,* eine Sammlung wichtiger Regesten.

Bei solch einem großartigen Gesamtwerk blieben Ehrungen für den gebürtigen Calwer nicht aus. Er wurde zum korrespondierenden Mitglied des Archäologischen Instituts in Rom berufen, zum Ehrendoktor der juristischen Fakultät der Universität Tübingen ernannt, er war Mitglied der Berliner Akademie, der Wiener, der Göttinger und der Münchner Akademien und Ehrenmitglied der philosophischen Fakultät der Universität Wien. 1846 wurde er sogar ausgewählt, die Reichtagsakten der Bundesversammlung mit herauszugeben. Gesellschaftlicher Höhepunkt der Ehrungen für Christoph Friedrich Stälin, der sogar von heutigen Historikern als „die entscheidende Figur der württembergischen Landesgeschichte" betrachtet wird, war die Erhebung in den persönlichen Adelsstand durch den württembergischen König. Die Bewertung des Historikers Leopold von Ranke spricht für sich: „Ich glaube nicht, zu viel zu sagen, wenn ich behaupte, dass unter allen Provinzialgeschichten, die wir in Deutschland besitzen, die württembergische von Stälin den Preis verdient." Und weiter lobt er den Menschen und Gelehrten: „Stälin war eine echt schwäbische Natur, kräftig und klug, ein Gelehrter, der doch ein gutes Urteil über die Dinge der Welt besaß, öffentlich zurückhaltend und schweigsam, im persönlichen Verkehr mitteilend und belehrend. Als Forscher ist er durch Genauigkeit und Zuverlässigkeit seiner Angaben unübertroffen, und sein Wissen war ihm immer gegenwärtig."

Auch der Sohn von Christoph Friedrich von Stälin, **Paul Friedrich Stälin (1840-1909)**, war als Historiker und Archivar tätig. Unter seinen Vorfahren finden sich bedeutende Persönlichkeiten wie Johannes Kepler, Johannes Brenz, Jakob Andreä, Johann Albrecht Bengel, Johann Jakob Moser und Ludwig Uhland. Paul Friedrich Stälin betrieb in Tübingen, Heidelberg und Göttingen rechtswissenschaftliche, kirchenrechtliche und geschichtswissenschaftliche Studien. Er war Archivar am königlichen Haus- und Hofarchiv in Stuttgart und genoss den Ruf eines sehr genauen Historikers; für seine Arbeiten bekam er hohe Auszeichnungen.

Von seinen Forschungen ist vor allem die *Geschichte Württembergs* (1882-1887 herausgegeben) bekannt geworden, mit der er an die Arbeit seines Vaters ebenso anschloss wie mit dem *Württembergischen Urkundenbuch,* Bände 4 bis 6. Auch Paul Friedrich Stälin hat seinen Beitrag zu einer Calwer Geistesgeschichte geleistet: der Archivrat hat im Jahr 1888 die *Geschichte der Stadt Calw* geschrieben, die er seiner Vaterstadt widmete und die eine Fülle von Details über die Calwer Geschichte von den ältesten nachweisbaren Spuren der Besiedlung im Nagoldtal bis hin zu Stälins Zeit enthält. Diese *Geschichte der Stadt Calw* wurde im Verlag der Calwer Vereinsbuchhandlung veröffentlicht und im Jahr

1970 in Calw nachgedruckt – ein Werk, das bis heute Gültigkeit behalten hat.

Georg Emil Karl Christoph Schüz (1828-1877) darf nicht vergessen werden, wenn es um Calwer Geistesgeschichte geht. Der Naturforscher und Sammler wurde als Sohn des Arztes Christoph Schüz in dem Haus am Marktplatz geboren, in dem sich heute das Hermann-Hesse-Museum befindet. Georg Emil Schüz war ein beliebter Arzt in Calw und wurde bekannt durch seine reichhaltigen Sammlungen von Pflanzen und Mineralien, die er von seinen vielen ausgedehnten Reisen mitbrachte. Heute befinden sich diese Sammlungen zu großen Teilen im Naturkundemuseum in Stuttgart.

Schüz war aber auch schriftstellerisch tätig: Er veröffentlichte Lebensbeschreibungen von Ärzten und Naturforschern und ließ über seine weiten Reisen von Calw in den Orient im „Calwer Wochenblatt" Fortsetzungsberichte abdrucken, woraus schließlich das Buch *Vom Schwarzwald bis in das Morgenland* entstand, das in den 1870er Jahren in Calw und in Stuttgart veröffentlicht wurde und immerhin zwei Auflagen erlebte. Auch eine im Jahr 1874 veröffentlichte Schrift über die Flora des Nordschwarzwaldes brachte ihm große Ehre ein – er wurde nach Vater und Sohn Gärtner das dritte Calwer Ehrenmitglied der 1652 in Schweinfurt gegründeten „Kaiserlich Leopoldinisch-Carolinischen Akademie der Naturforscher" (heute: „Deutsche Akademie der Naturforscher Leopoldina" mit Sitz in Halle/Saale). Aber auch als Mediziner zog Schüz das Interesse der Fachwelt wie der Öffentlichkeit auf sich: mit seinen Aufzeichnungen über den ersten von ihm ausgeführten Kaiserschnitt, des zehnten im damaligen Württemberg. Und noch in einem ganz anderen Zusammenhang erregte Schüz Aufsehen: Von seiner Reise in den Orient im Jahr 1869 brachte er den jungen Schwarzen Daud mit nach Calw, nahm ihn in seine Familie auf und wollte ihn zu einem Christenjungen erziehen lassen.

Gemeinsam mit **Emil Georgii von Georgenau (1820-1894)**, dem Stifter des Georgenäums von Calw, ließ Schüz dieses repräsentative Bauwerk in der Calwer Innenstadt als eine Stiftung für die Volksbildung der Jugend lebendig werden, und er regte die Bepflanzungen des dem Georgenäum nahe gelegenen Stadtgartens mit seltenen Koniferen an. Ein Gedenkstein im Stadtgarten erinnert heute noch an Schüz' wohltätige Arbeit.

Im heimatgeschichtlichen Bereich hat der 1886 als Rektor des Reallyzeums (Prorealgymnasiums) nach Calw gekommene Präzeptor **Paul Weizsäcker (1850-1917)** gewirkt. Er bearbeitete unter anderem auch Schriften des früheren Calwer Dekans Johann Valentin Andreä sowie des Präzeptors Christoph Luz und veröffentlichte über das Kloster Hirsau einen kurzen Führer durch die Geschichte und die Ruinen (1898) sowie Neue Hirsauer Studien (1900). Er starb 1917 in Ludwigsburg. (Aus: Schnierle-Lutz 2007, 147).

Um noch einen Augenblick lange bei den Natur- und Geschichtskundigen zu bleiben, soll in dieser langen Reihe ausdauernder Forscher und Literaten der Oberlehrer und Heimatforscher **Wilhelm Mönch (1876-1947)** genannt werden. Er stammte aus Lauffen am Neckar und war als Lehrer nach Rötenbach bei Teinach und später nach Unterjesingen gekommen. Seine Beschäftigung mit der Geschichte des Oberamts Calw und der Wurmlinger Kapelle führte zu seinen wichtigsten Veröffentlichungen. Eine geschickte Mischung von Wissenschaftlichkeit und volkstümlicher Erzählung kennzeichnen sein Werk. Auch als Förderer des Weinbaus sowie der schwäbischen Sprache hat sich Mönch einen Namen gemacht.

In die erste Reihe der ernst zu nehmenden Heimatforscher gehört auch **Ernst Rheinwald (1887-1957)**, der als Rechtsanwalt in Calw tätig war. In Metterzimmern als Sohn des dortigen Pfarrers geboren, besuchte er – wie schon vor ihm kurzzeitig Hermann

Hesse – die Lateinschule in Cannstatt. In dem 1949 erschienenen, von Rheinwald und Otto Hartmann herausgegebenen Sammelband mit in und um Calw spielenden Erzählungen, *Gerbersau* betitelt, bekennt Hermann Hesse: „Ein Schulkamerad und Freund von mir, Ernst Rheinwald, hat den Gedanken gehabt, diese Calwer Ausführung einer Auswahl aus meinen Schriften zu veranstalten" (Hesse 1918, in Hesse 2000ff., Bd. 12). Der Rechtsanwalt Rheinwald wählte Calw als seinen Wohnsitz, sammelte Erinnerungsstücke aus allen Epochen der Calwer Geschichte, richtete das erste Heimatmuseum im Georgenäum ein und veröffentlichte 1952 im Verlag Oelschläger in Calw zusammen mit dem Zahnarzt **Gisbert Rieg** das noch heute gültige Geschichts- und Heimatbuch der Stadt: *Geschichte und Geschichten aus 900 Jahren.* Rieg war darüber hinaus publizistisch tätig: 1954 erschien von ihm eine Studie *Die württembergische Außenpolitik und Diplomatie in der vormärzlichen Zeit,* 1955 gab er zusammen mit Pfarrer Rudolf Wagner eine Schrift über *Die Katholische Stadtpfarrgemeinde in Vergangenheit und Gegenwart unter besonderer Berücksichtigung Hirsaus* heraus.
Rheinwald starb ein halbes Jahr nach seinem Freund Seybold im Juni 1957.

Dieser **Theodor Seybold (1880-1956)**, Amtsgerichtsrat in Göppingen, war ebenfalls Geschichts- und Heimatforscher mit engem Bezug nach Calw. „Calw ist mir Heimat nicht kraft der blutlichen Bindung, sondern durch eine domizilierte starke Jugenderinnerung", schreibt er in einem Brief an Ernst Rheinwald vom 1. August 1947 (Gebauer 2003, 6). In Oberjesingen bei Herrenberg geborener Pfarrerssohn, schlug Seybold die Laufbahn eines Juristen ein. Seine Mutter war eine geborene Wagner und mit einer alteingesessenen Familie der Zeughandes-Compagnie in Calw verwandtschaftlich verbunden. Theodor Seybold studierte in Tübingen, später Berlin, Leipzig und München Rechtswissenschaften, absolvierte sein Referendariat beim Amtsgericht Cannstatt und war dann als stellvertretender Amtsrichter in Ludwigsburg und anschließend als Amtsrichter in Göppingen tätig. Früh richtete sich Seybolds besonderes Interesse auf die Lokal- und Familiengeschichte Calws. In geradezu bienenhaftem Fleiß trug er alle Unterlagen zusammen, die staatliche und städtische Archive lieferten, und sammelte sie in den *Notabilia Calvensis,* die schließlich über 70 Ordner umfassten. Diese umfangreichen Akten, Urkunden und Unterlagen überließ er dem Calwer Stadtarchiv, das damit einen heimatkundlichen Schatz erhielt, wie ihn nur wenige Gemeinden des Landes besitzen. In einer Vorbemerkung zu seinen Notabilia Calvensis schreibt Theodor Seybold: „Das Nachfolgende ist Teil einer Sammlung. Ausgangspunkt meiner Arbeit war mein Interesse, richtiger meine Liebe für Calw, die Stadt und ihre gesamten Lebensäußerungen in Vergangenheit und Gegenwart und ihre Menschen und deren Werke im weitesten Sinn des Wortes" (Gebauer 2003, 35).

Seybolds nächster Freund war Ernst Rheinwald aus Calw, - wie er Sohn eines Pfarrers, Jurist und leidenschaftlicher Heimatforscher (Gebauer 2003, 17). Mit ihm verband ihn ein intensiver Briefwechsel.

Über sein Verhältnis zu Calw schrieb Theodor Seybold in einem Brief an Peter Gössler am 17. März 1930: „Für Hesse ist Calw, was es für mich ist: das Kindheitsparadies, also nichts sachliches, nachprüfbares und deshalb auch nichts so zu wertendes" (Gebauer 2003, 16).

Als einzige Veröffentlichung Seybolds ist die Schrift *Über die Entstehung der Stadt Calw* erhalten. Theodor Seybold lebte in Göppingen und starb dort im Dezember 1956. Sein Freund Ernst Rheinwald äußerte nach seinem Tod: „Er war ein seltener Mensch".

Weit über die Region hinaus bekannt wurde auch der Hirsauer Geschichtsforscher **Karl Greiner (1882-1971),** der aus einer alteingesessenen Weber- und Tuchmacherfamilie stammte und über Jahrzehnte hinweg bis in die zweite Hälfte des zwanzigsten Jahrhunderts hinein die lokale und regionale Geschichte des Nordschwarzwalds erforschte und wichtige Bücher veröffentlichte. Greiner war zunächst Textilingenieur, dann Buchhalter bei der Westenfabrik Christian Ludwig Wagner, danach Regierungssekretär beim Staatlichen Rentamt Hirsau. Im Mittelpunkt des literarisch-wissenschaftlichen Schaffens von Karl Greiner stand das Kloster Hirsau. Seine Veröffentlichungen, Aufsätze in Tageszeitungen und Vorträge beschäftigten sich mit der näheren und weiteren Umgebung von Kloster und Ort und erlaubten oft ganz neue Sichtweisen auf die Bedeutung historischer Orte in der näheren Region, vor allem Bad Liebenzell, Bad Teinach, Zavelstein mit seiner Burg und Wildbad. Noch heute gehören die Bücher von Greiner zur Standardliteratur der Regionalgeschichte des Nordschwarzwaldes. Hochbetagt starb er im Jahr 1971 in Hirsau. Seine wichtigsten Werke sind *Kloster Hirsaus Geschichte durch die elf Jahrhunderte* (1921), *Der astronomische Figurenfries am Hirsauer Klosterturm* (1934) und *Hirsau, seine Geschichte und seine Ruinen* (1950/1996). Aber auch literarische Werke wie *Zu Hirsau bei dem Abte*, ein historisches Schauspiel in fünf Aufzügen (1930), und *Berühmte Klostergäste. Erzählungen aus Hirsaus Vergangenheit* (1954) entstammen seiner Feder.

Ein weiterer Mann mit großer, internationaler Wirkung war **Friedrich Bran (1904-1994)**. Mit seinem Büchlein *Ein Jahrtausend Kulturtradition im Nordschwarzwald* (1985) hat er ein Werk vorgelegt, das programmatisch für das Verhältnis einer Landschaft und ihrer Prägung der Menschen, die hier leben, wurde. Friedrich Bran war in der Zeit des Nationalsozialismus trotz, nach eigenen Angaben, jüdischer Vorfahren, in leitender Stellung in der Bürokratie des Auswärtigen Dienstes tätig. Bereits Anfang der 1930er Jahre engagierte er sich im Sohlbergkreis für eine Wiederannäherung Deutschlands und Frankreichs. Nach Kriegsende wurde er einer der großen Förderer der deutsch-französischen Beziehungen (sh. Unteutsch, 1990). Geboren in

Mannheim, absolvierte er nach dem Abitur eine Buchhändlerlehre in Jena und studierte dann dort und in Frankfurt, Heidelberg und Paris Kultursoziologie und Philosophie, deutsche Literatur, Soziologie und Wirtschaftswissenschaften. Im Jahr 1929 wurde er mit einer Arbeit über *Herder und die deutsche Kulturanschauung* promoviert. Friedrich Bran war als Lektor in einem pädagogischen Verlag und später als Schul- und Kommunalreferent in der Arbeitsgemeinschaft „Bürger im Staat" in Stuttgart tätig und veröffentlichte mit Karl Fröhner *Die bürgerschaftliche Selbstverwaltung*, ein Handbuch für das gemeindliche Ehrenamt. Von 1963 bis 1971 leitete Friedrich Bran als Direktor die Staatliche Akademie für Lehrerfortbildung in Calw, die gleich nach dem Krieg als Weiterbildungsanstalt für die Lehrkräfte aller Schularten im staatlichen baden-württembergischen Schuldienst gegründet worden war. Er leitete darüber hinaus viele Jahre lang den Internationalen Studienkreis Baden-Württemberg, der sich in der Völkerverständigung engagiert. Aus der Beschäftigung Brans mit Hermann Hesse und seinem Werk entsprang der Gedanke, Kolloquien stattfinden zu lassen, offen für eine internationale Zuhörerschaft und mit bedeutenden Referenten. Diese Internationalen Hermann-Hesse-Kolloquien finden seit 1977 in regelmäßigem Turnus statt und erfahren einen stetig wachsenden Zulauf von mehreren hundert Literaturwissenschaftlern, Literaten und Hesse-Lesern aus aller Welt.

Neben vielen Fachartikeln und der Herausgabe der Tagungsbände der Internationalen Hermann-Hesse-Kolloquien veröffentlichte Friedrich Bran mit dem 1982 erschienenen Heft *Hermann Hesses Gedanken über Heimat* und mit der im Jahr 1985 erschienenen Publikation *Ein Jahrtausend Kulturtradition im Nordschwarzwald* zwei wichtige und auch heute noch viel zitierte Schriften; beide sind das Ergebnis der geistigen Leidenschaften des Autors: Hermann Hesse, dessen Werk, und die Kulturgeschichte der Wahlheimat. Mit Letzterer befassen sich zwei weitere Bücher: Zunächst gab Friedrich Bran im Jahr 1987 die Vorträge, die bei den

Gedenkwochen aus Anlass des 400. Geburtstages von Johann Valentin Andreä an dessen Wirkungsorten Calw, Herrenberg und Vaihingen/Enz gehalten wurden, unter dem Titel *Johann Valentin Andreä (1586-1654) – ein universaler Geist des 17. Jahrhunderts in internationaler Sicht* heraus und ließ ihnen noch eine kleine Schrift über „das vorbildliche Leben J.V. Andreäs Mutter", *Maria Andreä geb. Moser* (1550-1632) folgen, die im Jahr 1989 erschien. Die Stadt Calw ehrte Friedrich Bran mit der Zuerkennung der Hermann-Hesse-Medaille.

Ein weiterer Historiker, der sich der Bewahrung und Beschreibung der Calwer Stadtgeschichte wie der Bezüge des Dichters Hermann Hesse zu seiner Heimatstadt angenommen und dies in vielen Publikationen dargestellt hat, ist der Lehrer **Walter Staudenmeyer (1929-1999)**, der bereits während seiner aktiven Zeit als Lehrer in Calw das Stadtarchiv mit aufgebaut und dann über Jahre hinweg geleitet hat. Sein Buch *Hermann Hesse und Calw*, 1877 erschienen, fand in viele Forschungsberichte über den Dichter Eingang; im Jahr 1979 bearbeitete Staudenmeyer ein Sonderheft zum Marbacher Magazin, das die Ausstellung des Stadtarchivs in der damaligen Hermann-Hesse-Gedenkstätte des Heimatmuseums der Stadt Calw begleitete. Staudenmeyers wesentlicher Verdienst ist der Aufbau dieser Hermann-Hesse-Gedenkstätte, die später in das größere Hermann-Hesse-Museum übernommen wurde. Mehrere von ihm verfasste Schriften befassen sich aber auch mit den stadtgeschichtlichen Wegen durch Calw – 1986 gab Walter Staudenmeyer einen Führer durch den Stadtkern heraus, der bis heute von den Besuchern der Stadt benutzt wird. Für seine Verdienste um die Kultur in Calw wurde auch ihm im Jahr 1977 vom Gemeinderat der Stadt die Hermann-Hesse-Medaille verliehen.

Die Autoren (Werkauswahl):

Bran, Friedrich:
Herder und die deutsche Kulturanschauung, Berlin: Junker und Dünnhaupt 1932.
Europa einigt sich durch seine Bürger. 1958.
Hermann Hesses Gedanken über Heimat. 1982.
Ein Jahrtausend Kulturtradition im Nordschwarzwald. 1985.
Johann Valentin Andreä (1586-1654) – ein universaler Geist des 17. Jahrhunderts in internationaler Sicht. 1987. (Hrsg.).
Maria Andreä geb. Moser 1550-1632. Das vorbildliche Leben von J.V. Andreäs Mutter. 1989.

Greiner, Karl:
Kloster Hirsaus Geschichte durch 11 Jahrhunderte. 1929.
Zu Hirsau bei dem Abte. Historisches Schauspiel in fünf Aufzügen. 1930.
Der astronomische Figurenfries am Hirsauer Eulenturm. 1934.
Hirsau. Seine Geschichte und seine Ruinen. 1950.
Berühmte Klostergäste. Erzählungen aus Hirsaus Vergangenheit. 1954.
... doch in der Mitten liegt holdes Bescheiden. Ein Schulmeisterleben aus dem 18. Jahrhundert. 1956.
Bad Teinach und Zavelstein. 1986. Ergänzt und erweitert von Siegfried Greiner.

Mönch, Wilhelm:
Heimatkunde vom Oberamt Calw, für Schule und Haus bearbeitet. Calw: Pädagogische Lehrerlesegesellschaft 1912. 2., vermehrte Auflage 1925 (Nachdruck 1977).
Schwäbische Spruchkunst. Inschriften an Haus und Gerät. 1937.

Rheinwald, Ernst / Rieg, Gisbert:
Calw. Geschichte und Geschichten aus 900 Jahren. Calw: Oelschläger 1952.

Rieg, Gisbert:
Die württembergische Außenpolitik und Diplomatie in der vormärzlichen Zeit. 1954.
Die katholische Stadtpfarrgemeinde in Vergangenheit und Gegenwart unter besonderer Berücksichtigung Hirsaus. 1955. (Mit Rudolf Wagner).

Schütz, Emil:
Vom Schwarzwald bis in das Morgenland – Reisebilder. 1875.
Flora des nördlichen Schwarzwaldes. 1858.

Seybold, Theodor:
Über die Entstehung der Stadt Calw, ihre Mauern, Tore und Türme nach alten Urkunden. 1928.
Notabilia Calvensis. 70 Bände im Stadtarchiv Calw.

Stälin, Christoph Friedrich von:
Wirtembergische Geschichte in 4 Teilen. 1841-1873/1975.
Wirtembergische Jahrbücher. Bis 1870. (Hrsg.).
Wirtembergisches Urkundenbuch.
Reichstagsakten der Bundesversammlung. (Hrsg.).
Stälin, Paul Friedrich:
Geschichte der Stadt Calw. 1888/1970.
Geschichte Württembergs (Hrsg. 1882-1887).
Württembergisches Urkundenbuch (Band 4-6, 1888).

Staudenmeyer, Walter:
Calw – Ein Bilderbuch für große Leute. 1973.
Hermann Hesse und Calw. Calw: Kreissparkasse Calw 1977.
Hermann Hesse. „Die schönste Stadt ... aber ist Calw an der Nagold."
Bearbeitet für die Ausstellung des Stadtarchivs in der Hermann-Hesse-Gedenkstätte des Heimatmuseums Calw. Mit einer Beilage: *Verzeichnis der ausgestellten Stücke.* 1979 (Marbacher Magazin. Heft 12. Sonderheft).
Calw in alten Ansichten. 1979.
Calw 1850-1925. *Bilder aus einer alten württembergischen Oberamtsstadt.* 1983.
Calw – *Ein Führer durch den Stadtkern.* 1985.
Calw 1945-1967. *Eine Chronik in Bildern.* 1987.

Weizsäcker, Paul:
Anna Amalia, Herzogin von Sachsen-Weimar-Eisenach, die Begründerin des Weimarischen Musenhofs. 1892.
Die Bildnisse Wielands. 1893.
Hirsau. Kurzer Führer durch die Geschichte und die Ruinen. 1898.
Neue Hirsauer Studien. 1900.

8. Vier Maler mit literarischen Spuren – und Calw

Vier Künstler sollen noch genannt werden, die bei der Behandlung des Themas Bücher und Calw wichtig sind, obwohl sie in erster Linie bildende Künstler waren: Rudolf Schlichter, Kurt Weinhold, Gunter Böhmer und Richard Ziegler. Alle vier hatten enge Beziehungen zu Calw, und alle vier wirkten mit ihrer Kunst weit über Calw und die Region hinaus. Und alle vier hatten auch literarische Ambitionen.

Rudolf Schlichter (1890-1955) ist in Calw als Sohn eines Lohngärtners, der früh verstorben ist, und einer Näherin geboren und aufgewachsen. Als katholischer Junge fühlte er sich im evangelisch-pietistischen Calw ausgeschlossen aus der Gemeinschaft der Gleichaltrigen. Er besuchte die neu eingerichtete „katholische Volksschule" – und bezeichnend ist seine Beschreibung der dortigen Eindrücke: „Die damalige, katholische Volksschule war, gemessen an den anderen Anstalten, ein recht armseliges Institut. Das Schulgebäude war ein altes Haus in der Kronengasse. Im zweiten Stock lag das einzige Schulzimmer mit einer Küche zum Brennholz aufbewahren und mit dem jenseits eines langen Korridors liegenden Lehrerzimmer. Knaben und Mädchen saßen untereinander; die Unterrichtsfrage wurde, da man alle Klassen im selben Raum unterrichtete, so gelöst, dass man jede Stunde abwechselte; nur Religion und Singen hatten mit Ausnahme der ABC-Schützen alle Klassen gemeinsam. Ganz vorne in den ersten Reihen saßen die Kleinen der Elementarklasse, dann kam die zweite bis fünfte Klasse und in den letzten Reihen saßen die Sechstkläßler" (Schlichter 1931, 19).

Rudolf Schlichter absolvierte in Pforzheim eine Lehre als Emaillemaler, dann an der Akademie in Karlsruhe ein Kunststudium.

Der Maler wurde in den Dreißigerjahren des zwanzigsten Jahrhunderts auch als Schriftsteller mit einem Roman bekannt, der eine autobiographische Schilderung vor allem seiner Kindheit in Calw beinhaltet und überaus drastisch die Schattenseiten des Lebens in einer aus seiner Sicht engen, von Biederkeit und engstirniger Religiosität geprägten Kleinstadt auf 250 Seiten zum Thema hat: *Das widerspenstige Fleisch*. „Mit schonungsloser Offenheit beschreibt er die Entwicklung seiner masochistisch-fetischistischen und schizophrenen Neurosen vor dem kleinstädtischen Hintergrund aus Mief, Tratsch und Schande" (Heißerer 1998, 1).

Die Stadt ist auch Thema eines Gedichts mit dem Titel *Calw* (um 1930), in dem er schreibt:

Beim Anblick deiner alten Häuser Giebel
Tief eingebettet zwischen jähe Wände
Scheint mir die Zeit zu sterben ...
Ach wie beschwört ihr unvergessnen schwarzen Wälder
Der ersten Jugend quälendes Verlangen
Gleich einem dunkelsüßen Zaubernebel her ...
(aus: Schnierle-Lutz 2007, 224).

Rudolf Schlichter machte als Bürgerschreck mit seinem fetischistischen Blick auf das Leben und auf die Kunst, mit Gemälden gegen den Zeitgeist und mit seiner Vorliebe für bestiefelte Frauen von sich reden und war, nach seinem Weggang aus der für ihn zu engen Schwarzwaldstadt, in Karlsruhe und später in Berlin eng mit den Größen der zeitgenössischen Kunst wie George Grosz oder Bert Brecht befreundet. Brecht wurde von Schlichter sogar in einem bekannt gewordenen Portrait gemalt, das den Dichter in Lederjacke und mit Zigarre zeigt – bis heute viel veröffentlicht; auch die Schriftsteller Alfred Döblin, Erich Maria Remarque oder Oskar Maria Graf, sowie die Randständigen der Gesellschaft, Huren oder Invaliden, waren Motive der bildnerischen Arbeit Rudolf Schlichters.

In einer aufsehenerregenden Ausstellung, der ersten Dada-Messe in der Galerie Burchard in Berlin, zeigte Schlichter mit seinem „Preußischen Erzengel" einen an der Decke schwebenden Körper in Uniform mit Schweinskopf, und dies kurz nach der Niederlage Deutschlands im Ersten Weltkrieg und nicht allzu lange vor dem Wiederauferstehen des „deutschen Geistes". Das wirkte.

Schlichter wurde Kommunist, suchte später die Nähe zu national geprägten Intellektuellen und besann sich darauf, ein Erz-Katholik zu sein. Seine Bücher waren im Dritten Reich verboten, als Maler galt er als „entartet", und seine Bilder wurden aus den öffentlichen Ausstellungen entfernt, wahrscheinlich sogar in der berüchtigten Münchner Ausstellung der „Entarteten Kunst" gezeigt und verhöhnt. Mit seinem Bild *Blinde Macht* gleich zu Beginn der Machtzeit der Nationalsozialisten hatte er weitsichtig deren Ziele bloßgelegt und damit fast schon visionär den Vernichtungskrieg im Bild vorweggenommen. Heute werden die Werke von Rudolf Schlichter, der auch als Verfasser kunsthistorischer Schriften und Illustrator zahlreicher Literaturbücher tätig geworden ist, in den großen Galerien Deutschlands und weit darüber hinaus gezeigt.

Rudolf Schlichter und Calw haben auch Spuren im Werk **Bertold Brechts (1898-1956)** hinterlassen; dieser gestaltet eine Szene aus dem Calw jener unrühmlichen Ära des Nationalsozialismus. In seiner Sammlung von dramatischen Szenen *Furcht und*

Elend des Dritten Reiches lässt Brecht die 21. Folge mit dem Titel *Der alte Kämpfer* im Calw des Jahres 1938 spielen: Eine Milchhändlerin mit dem Namen Schlichter und eine Metzgersfrau unterhalten sich auf dem Calwer Marktplatz, und später wird der Metzger erhängt in seinem Schaufenster gefunden. „Ich habe Hitler gewählt", steht auf einem Schild auf seiner Brust geschrieben. Brecht hat hier, sicher auf Schlichters Vermittlung hin, ein Calwer Ereignis dramatisch bearbeitet, dieses umgekehrt und so noch wirkungsvoller gemacht: Der Calwer Bäckermeister Hermann Schnürle war, nachdem er nicht zur verordneten Wahl Hitlers erschienen war, unter Trommelwirbeln mit einem Schild vor der Brust, auf dem stand, er sei ein Volksverräter, von SA-Truppen durch die Stadt getrieben worden. Auch für Brecht, den großen Dramatiker und späteren Regisseur im Osten Berlins, der selbst familiäre Wurzeln im Schwarzwald hatte, war dieses Calw im Nordschwarzwald alles andere als fremd. (Siehe auch Heißerer 1998, 14).

Kurt Weinhold (1896-1965) in Charlottenburg, dem heutigen Berliner Stadtteil, geboren, wurde durch seine Heirat an Calw gebunden. Der Maler, mit Paul Klee freundschaftlich verbunden, kam auf Portraitreisen hierher, wo er Margarete Schüz, Tochter eines Calwer Großbürgers – eben aus jener Familie Schüz aus dem Haus am Oberen Marktplatz -, kennen lernte und heiratete. „In seiner Frau sieht er die ideale Geliebte, die ihm geistige Ergänzung ist ... Abseits vom Großstadtgetriebe konnte er sich auf seine Arbeit konzentrieren. Erstmals studierte er intensiv die Natur, wozu ihm die umliegenden Wälder reichlich Gelegenheit boten. Gesellschaftlich hatte er nun einerseits Zutritt zur Calwer Oberschicht, die sich durch ein reges kulturelles Leben auszeichnete, ohne sich aber finanziell mit ihr messen zu können; andererseits haftete ihm aus deren bürgerlicher Sicht Unernst, Bohèmehaftigkeit und Exotik an", steht in der Biographie des Kunsthistorikers Günter Golinski über Weinhold zu lesen (Golinski, 1985).

Er hatte von seinem Vater, dem Maler Carl Weinhold, in München die Grundbegriffe der Malerei und des Zeichnens erlernt, wehrte sich jedoch gegen den Wunsch des Vaters und auch gegen den des Direktors der Münchner Akademie, Carl von Marr, eine Akademieausbildung zu beginnen. Stattdessen genoss er eine autodidaktische Ausbildung durch Besuche der staatlichen Galerien in München, durch den Umgang und Austausch mit Künstlern. Er war ein Mann von hoher Allgemeinbildung und Belesenheit, ein Künstler mit viel Musikverständnis und Hang zur Religiosität. Im Jahr 1924 lernte er Rudolf Schlichter kennen, mit dem ihn eine lange Freundschaft verbinden sollte, und durch Schlichter kam Weinhold wieder häufiger nach Berlin, wo sich auch Ausstellungsmöglichkeiten und Aufträge für Illustrationen ergaben. So wurden in verschiedenen Zeitschriften Gemälde und Zeichnungen von Kurt Weinhold veröffentlicht. Mit Schlichter brach Weinhold aber aufgrund persönlicher Querelen und weil dieser, nachdem er in Berlin zunächst in linksintellektuellen Kreisen verkehrt war, sich in den Dreißiger Jahren immer mehr dem Katholizismus zuwandte und die Nähe der Nationalen, vor allem des Kreises um den Schriftsteller Ernst Jünger, suchte.

In der Münchner Ausstellung „Entartete Kunst" wurde Kurt Weinhold namentlich aufgeführt (Golinski 1985, 44). Sein Verhältnis zum Nationalsozialismus war ablehnend, er soll sich sogar in Calw aktiv an Widerstandsaktionen beteiligt haben; allerdings wurde er nicht wie viele andere von den Nationalsozialisten mit Malverbot belegt.

Weinhold wird mit seiner Kunst der „Neuen Sachlichkeit" zugerechnet, wobei – wie sein Biograph ausführt – „Weinholds Kunstschaffen von früh an unter dem Primat der Idee des Verweisens und Erfahrbarmachens von Spirituellem und Transzendentalem" (Golinski, 1985) stand. Wer das Verzeichnis der von Kurt Weinhold illustrierten Bücher liest, der erkennt, in wie viele Publikationen dieser Künstler mit seinen bildnerischen Werken hineingewirkt hat.

Natürlich nahm der Maler auch immer wieder „Calwer" Themen auf: „So verarbeitet Weinhold eine tatsächlich erlebte Prügelei zwischen zwei Kirchgängerinnen vor der Calwer evangelischen Kirche in seinem Triptychon ‚Die Schirmolympiade' zu einer gleichnishaften, satirischen Darstellung der Bigotterie, die die von Pietismus und vielfältigem Sektierertum beherrschte Kleinstadt in ihrem geistigen Klima auszeichnet" (Golinski, 1985). Kurt Weinhold ist 1965 in Calw gestorben.

Gunter Böhmer (1911-1986), in Dresden geboren, war ab 1960 Professor für Freie Grafik an der Stuttgarter Akademie der Bildenden Künste und lebte schon seit den Dreißigerjahren in jener Casa Camzzi in Montagnola, in der auch Hermann Hesse seine ersten Tessiner Jahre verbracht hatte. Gunter Böhmer war dem Dichter eng verbunden und einer der Illustratoren seines Werks, die es am besten verstanden, eine Nähe zwischen Text und Bild herzustellen.

Früh war Gunter Böhmer begeistert von Hesses literarischen Werken, schon als Schüler im Gymnasium: „Hypnotisiert schrieb ich dann ohne viel Skrupel meine Matura-Arbeit über Hesse" (Walk 1998, 12).

Nachdem er Malerei und Graphik an der Dresdner Akademie studiert und an die Berliner Akademie zu den berühmten Künstlern Emil Orlik und Hans Meid gewechselt hatte, nahm er bereits brieflichen Kontakt zu Hermann Hesse auf und begeisterte ihn mit Illustrationen zu seinen Werken.
Er kam schon vor seinem ersten Besuch bei Hesse nach Calw und nahm 1933 eine Einladung des Dichters nach Montagnola im Tessin an. Dort hatte der Verleger Samuel Fischer illustrierte Briefe Böhmers an Hesse gesehen und ihm einen ersten Illustrationsauftrag erteilt: Es war der Beginn einer lebenslangen, freundschaftlichen Zusammenarbeit zwischen Hesse und dem Maler (Ausführlich dokumentiert in Böhmer 1991).

Wenn auch Böhmer nicht auf seine Tätigkeit als Illustrator von Hesses Werken reduziert werden kann – neben seiner Lehrtätigkeit war der „hochgradig sensible" (Rogge 1993, 6) Künstler ein gefragter Illustrator einer Vielzahl von weiteren literarischen Werken, ein viel ausgestellter Aquarell- und Ölmaler wie auch Zeichner – so war die Freundschaft mit Hermann Hesse doch diejenige, die ihn sein ganzes (Künstler-)Leben lang geprägt hat. Böhmer selbst schrieb darüber: „Die Freundschaft, mit der mich Hesse beschenkte, war ohne jeden Vergleich diejenige, der ich die meisten Anstösse, Spiegelungen und Bestätigungen verdanke, die mich auf vielen Stufen verstehend, anregend, fördernd begleitete" (Rogge, 1993). Ein Künstler mit „sprudelnder schöpferischer Gestaltungskraft", mit „eigenem tiefem Empfinden", mit „innerer Wahrhaftigkeit" von einer „Frische, Lebendigkeit und Unmittelbarkeit … Er lässt uns teilhaben an seiner tastenden Suche nach dem Wesenskern" (Rogge 1993, 7).

Gunter Böhmer war ein Künstler reiner Ausprägung: „Tagsüber zeichne ich Anschauung in mich hinein, nachts zeichne ich Vorstellung aus mir heraus, in Dämmerungen bin ich am produktivsten: zwei Ebenen durchdringen sich, öffnen sich …" (Böhmer 2001).

Gerade die Buchillustration blieb eine der Haupt- und Lieblingstätigkeiten des Künstlers: „Die Vieldeutigkeit der Illustration liegt daran, dass in ihr Welten der sichtbaren Erscheinung und inneren Vorstellung ineinander übergehen, dass sich Anschauung und Erzählung durchdringen, dass Phantasie und Intuition des Auges und Geistes, des Herzens und Verstandes gleichzeitig aufgerufen sind" (Gunter Böhmer in Fiedler 2001, 91).

Und durch diese Verbindung wurde er auch dauerhaft an Calw gebunden: die der Stadt übereignete Gunter-Böhmer-Stiftung bildet seit Jahren einen wichtigen Bestände der Städtischen Galerie in Calw. Im Jahr 1986 ist Gunter Böhmer in Montagnola gestorben.

Richard Ziegler (1891-1992) wurde in Pforzheim geboren und kam bereits 1915 nach Calw, wo er in den Schuldienst an der Spöhrerschule eintrat. Zuvor hatte er in Genf und Greifswald deutsche Philologie studiert. Er war als Soldat im Ersten Weltkrieg verwundet worden und schloss sein Studium nach dem Krieg mit einer Promotion in Germanistik ab. 1920 begann Richard Zieglers künstlerische Laufbahn. Er war zeitlebens ein Autodidakt, und zeitlebens sollte die Verbindung zu Calw aufrechterhalten bleiben. Nach dem Zweiten Weltkrieg weilte er über dreißig Jahre lang regelmäßig in Calw, er hatte seine Wohnung und Arbeitsstätte im Steinhaus in der Bischofstraße und wechselte den Wohn- und Arbeitsort regelmäßig zwischen hier und Mallorca.

Gleich nach dem Zweiten Weltkrieg hatte ihn, der im Dritten Reich nach England emigriert war, eine Reise wieder nach Calw geführt – Ergebnis dieses Besuchs sind eindrucksvolle zeichnerische Studien des zerstörten und besiegten Deutschland und erschütternde, tagebuchartige Notizen über seine Erlebnisse in diesem Deutschland nach dem verlorenen Krieg.

Was Calw ihm bedeutete, hielt Richard Ziegler später, im Jahr 1981, in seinem *Curriculum Vitae* fest: „Schon gegen Ende der fünfziger Jahre stellte mir in Calw im württembergischen Schwarzwald, meiner Wahlheimat seit Knabenjahren, die seit Jahrzehnten in treuer Freundschaft mit mir verbundene Fanny Schiler in dem 1694 erbauten „Steinhaus" geeignete Arbeitsräume zur Verfügung … Zweimal im Jahr reiste ich nach Calw zur Arbeit im Steinhaus, das den durch Krieg verschonten Teil meiner Lebensarbeit beherbergt und wo das auf der Insel Geschaffene heimatliche Sammlung findet, in Räumen frommer Familientradition und in der Sicherheit meiner Wahlbürgerschaft im heimatlichen Calw." (Ziegler 1988, 6).

Richard Ziegler unternahm 1948 eine Reise in das immer noch kriegszerstörte Deutschland – eine schockierende Wiederbegegnung, die tiefgreifende literarische und bildnerische Spuren hinterlassen hat: „Ich dachte mir: ich werde viel schreiben und zeichnen, viel, viel, alles was mir entgegenkommt, einsaugen, wie ein trockener Schwamm – vielleicht schmecke ich Tropfen von Uraltem, Heimatlichem —. Nun ist mir, ich sollte schweigen, stummbleiben, stumpf – vor diesem Zeitlichen" (Ziegler 1995, 12).

Es ist auch zu einem Zusammentreffen zwischen Hermann Hesse und Richard Ziegler gekommen. Auf Vermittlung von Hesses Cousine Fanny Schiler in Calw stellte Hesse während der Kriegszeit Richard Zieglers Korrespondenz nach Deutschland sicher. Und Ziegler traf sich mit Hesse: „War drei Stunden in Baden (Verenalust) bei Hermann Hesse und seiner Frau. Wir haben uns also endlich von Angesicht zu Angesicht gesehen, und ich glaube, er hat mich lieb gewonnen. Ich fühlte mich ihm menschlich nahe, als hätte ich ihn schon immer gekannt. Wie wohl tat mir sein klares Denken und seine überlegene Ruhe, in Rede und Geste … Es waren gesegnete Abendstunden, aus denen Zukunft gedeihen wird", schrieb er in sein Tagebuch über die Begegnung mit dem Dichter im Jahr 1948.

Der Maler stellte im Rahmen einer Richard-Ziegler-Stiftung eine Vielzahl seiner Gemälde der Stadt Calw zur Verfügung. In Calw wurden mehrere Ausstellungs- und Themenbände veröffentlicht, die diesen Künstler mit seinem Werk, das fast das ganze wechselvolle 20. Jahrhundert umfasst, bekannt gemacht haben. Dass Richard Ziegler auch einen autobiographischen Roman unter dem Titel *Salz der Erde* verfasst hat, ist nur wenigen bekannt. Dieser größtenteils unveröffentlicht gebliebene Erzähltext könnte sicher vieles zur Deutung der Zeit und des Werks dieses Künstlers beitragen.

Die Maler (Werkauswahl):

Gunter Böhmer:
Gunter Böhmer: 1911 Dresden – 1986 Montagnola. *Gedächtnisausstellung zum 80. Geburtstag. 1991.*

Gunter Böhmer Archiv Calw: *Erster Einblick. Erschienen zum 90. Geburtstag von Gunter Böhmer.* Calw: Galerie der Stadt Calw.
Gunter Böhmer. *Der Maler Gunter Böhmer imTessin.*1991.
Galerie Schlichtenmaier (Hrsg.): *Gunter Böhmer, Katalog zu den Ausstellungen in der Galerie Schlichtenmaier und in der Galerie des Landes Sachsen.* Grafenau, Dresden: Galerie Schlichtenmaier 1991.

Schlichter, Rudolf:
Zwischenwelten. Ein Intermezzo. 1931.
Das widerspenstige Fleisch. 1932/1991.
Tönerne Füße. 1933/1992.
Das Abenteuer der Kunst und andere Texte. 1949/1998.
Die Verteidigung des Panoptikums. Autobiographische, zeit- und kunstkritische Schriften sowie Briefe 1930-1955. 1995.
Drohende Katastrophe. Gedichte 1931-1936. 1997.
Rudolf Schlichter und Ernst Jünger. Briefwechsel. 1997.

Kurt Weinhold:
Kurt Weinhold zum 100. Geburtstag (erschienen zur Ausstellung „Kurt Weinhold zum 100. Geburtstag" in der Galerie der Stadt Calw, 17.11.1996-19.1.1997), Galerie der Stadt Calw i.Z. mit der Galerie Schlichtenmaier Grafenau. Calw: Galerie der Stadt Calw 1996.

Richard Ziegler:
We make History. 1940.
Faces behind the News. 1946.
Richard Ziegler. Grafenau: Galerie Schlichtenmaier 1998.
Ein Kapitel aus „Salz der Erde". Calw: Richard-Ziegler-Stiftung Calw 1986.
Richard Ziegler. 1988.
Richard Ziegler, Katalog zur Ausstellung in der Galerie Schlichtenmaier Grafenau: Galerie Schlichtenmaier 1989.
Rogge, Heiko (Hrsg.): *Und das Herz schwer wie Stein. Texte von Richard Ziegler.* Calw: Kreissparkasse Calw 1995.
Bilderwelt. Zum 100. Geburtstag des Künstlers. Richard-Ziegler-Stiftung / Kreissparkasse Calw, Calw 1991.
Verlorene Bilder 1923-1937, Calw 1986.
Frauenspiegel. C.A. Koch's Verlag. Berlin, Darmstadt,Wien, o.J.

9. Der Ungeist in Calw
Volksschullehrer und Gastwirtstochter

Viel Geist hat in diesen beiden Orten Calw und Hirsau über die Jahrhunderte hinweg gewirkt, Geist in einer reinen Form. Aber auch der Ungeist hat hier seine Spuren hinterlassen, auch im Zusammenhang mit Büchern. Deutschland wurde zum „Dritten Reich" – und auch in Calw wurden Andersdenkende verfolgt, verschleppt.

Wir stellen uns vor: Hermann Hesse, der Dichter und Humanist, ist nicht mehr wohlgelitten hier, in seiner Geburtsstadt, am Ort seiner Kindheit. Hesse sitzt an seinem Schreibtisch dort in Montagnola und sieht sich durch die Gassen der Kindheit laufen, man kann es in vielen seiner Bücher lesen, er sieht sich auf das Floß springen und mit hinunterfahren auf dem Flüsschen Nagold, bis Hirsau und weiter, sieht den mit dem Schirm fuchtelnden Vater vom Ufer herüberwinken. Hermann Hesse erinnert sich an die Bilder einer Zeit fünfzig Jahre früher, in den 1880er Jahren. Bilder einer, seiner eigenen Kindheit. Der Weltbürger Hesse, zur Zeit des Ungeistes in Deutschland lebt er im Tessin, in Montagnola. Seine Bücher finden von dort den Weg hinaus in die Welt, nur noch zögerlich aber in die Welt seiner Heimat. Und dennoch bleibt er irgendwie in Calw, in der Stadt seiner Kindheit, die für immer seine Stadt bleiben soll. Auch in dieser Zeit, als er in Calw als Vaterlandsverräter verschrien wird. Die Bilder der Kindheit verlassen ihn nicht.

Georg Stammler (1872-1948), wie sich Ernst Emanuel Krauss nannte, der im nahen und heute politisch zu Calw gehörenden Stammheim als Sohn eines Volksschullehrers geboren worden war, war ein Zeitgenosse von Hermann Hesse und ist den Verlokkungen des nationalsozialistisch wirkenden Ungeistes erlegen. Er war Buchhändler und Lehrer an der Volksschule und hat als Autor einiger zu seiner Zeit viel gelesenen Werke eine gewisse Berühmtheit erlangt. Seine Bücher mit Titeln wie *Du und Es* (1917) oder *Der Unbekannte* (1929) waren weit verbreitet. Stammler widerstand dem Nationalsozialismus nicht: Er verschenkte seinen Geist an die Ideologie des so genannten „Dritten Reiches" und verspielte damit ein Werk, das bis dahin durchaus Beachtung gefunden hatte. Schon 1934 erschien von ihm eine Schrift mit dem Titel *Deutsche Sonnenwende* – ein Umschwung in der Thematik seiner Werke zum Gedankengut der politischen Führer der Zeit.

Von seinem Geburtsort Stammheim leitete er sein Pseudonym „Stammler" ab. Er hatte 1887 im Buchhandel in Heilbronn und Esslingen gelernt, gefolgt von einer Ausbildung zum Volksschullehrer, und arbeitete vorübergehend als Buchhändler in Heilbronn. Sein dichterisches Werk umfasst Prosa, Lyrik und Aphorismen, er war bekannt mit dem Warmbronner Bauerndichter Christian Wagner und auch mit Hermann Hesse, der, bevor sich Stammler den Gedanken der Nationalsozialisten ergab, wohlwollend über dessen Werk „Worte an eine Schar" (1920) geschrieben hatte: „Der tätige Idealismus des jungen Deutschlands hat hier einen seiner Kristallisationspunkte" (Hesse 1920/2002, 157). Mit seinem Sinnspruch: „Wer aufrecht geht, hält die Welt aufrecht", zeigte Stammler seine durch die Zeit geprägte Auffassung als Jugend- und Volkserzieher, die ihn dann in eine verhängnisvolle Nähe zur Ideologie des Nationalsozialismus bringen sollte und ihm im Jahr 1940 den Schwäbischen Dichterpreis einbrachte. Während Hermann Hesse im Tessin am *Glasperlenspiel* schrieb und damit eine ideale, tolerante Gegenwelt zur Diktatur erschuf, ließ Stammler sich fortreißen von den Gedanken der Masse. Nach seinen *Worten an eine Schar* im Jahr 1920 hatte sich Stammler in eine andere Richtung als der „Vaterlandsverräter" Hermann Hesse entwickelt. Zum Beispiel in seinem Buch *Was uns stark macht* (1940), mit den Kapiteln *Dem Führer, Deutsche Aufgaben im Licht der Geschichte, Staat und Volk, Soldatentum, Der Dichter und die deutsche Gegenwart, Deutsche Feiern* (aus: Schnierle-Lutz 2007, 224), die Stammler mit einem vorangestellten Gedicht *Dem Führer* diesem Adolf Hitler zu seinem 50. Geburtstag widmete (Schnierle-Lutz 2007, 108). Hesse hingegen hatte dem Ungeist schon zu Beginn des Ersten Weltkriegs mit seiner Schrift *O Freunde, nicht diese Töne* kurz nach dem ersten Aufflackern des Nationalismus sein persönliches Zeichen des Nicht-Weiter-So entgegen, und in der Zeit der Diktatur schrieb er über mehrere Jahre hinweg sein großes Anti-Buch, den Entwurf einer geistigen Gegenwelt zur Diktatur, den Roman *Das Glasperlenspiel* (1943).

Auch **Auguste Supper geb. Schmitz (1867-1951)**, in Pforzheim geborene Heimatdichterin, zu ihrer Zeit viel gelesene Heimatschriftstellerin, die in einer Bahnhofswirtschaft aufwuchs und ausgestattet war mit dem unbestechlichen Blick der Gastwirtstochter für die einfachen Menschen, ließ sich vereinnahmen vom Zeitgeist. Sie verschloss die Augen vor dem Unglück, das die Nationalsozialisten über ihr Land bringen sollten.

Die „Supper", wie sie genannt wurde, die am Leben der einfachen Menschen ihre schriftstellerischen Studien trieb und den Bauern, den Handwerker des Schwarzwaldes zum literarischen Helden machte, hatte mit der 1898 veröffentlichten Erzählung *Der Mönch von Hirsau* immerhin ein Werk geschrieben, das weithin bekannt geworden war. Für ihr Werk wurde Auguste Supper mit zahlreichen Preisen geehrt, bereits 1918 erhielt sie die Goldene Medaille für Kunst und Wissenschaft, die der König verlieh, 1924 den Marie-von-Ebner-Eschenbach-Preis (Schnierle-Lutz 2007, 107). Ihre deutschnationale Einstellung brachte ihr dann während der Zeit des Nationalsozialismus große Beliebtheit und verschaffte ihr 1935 sogar den Titel einer „Ehrensenatorin der Reichsschrifttumskammer" und 1937 einen Ehrendoktor. Sie schrieb Anfang der Dreißiger Jahre Lobgedichte auf den „Führer", sie hoffte auf eine Erneuerung des Geistes, auf eine Wiedergutmachung der Schmach des Ersten Weltkriegs. In ihrem autobiografischen Werk *Aus halbvergangenen Tagen* (1937) feiert sie die Machtübernahme durch die Nationalsozialisten enthusiastisch als „das zukunftsträchtigste und bedeutungsvollste Ereignis meiner Lebenszeit" (Supper 1937, 262).

Ihr Hauptwerk aber, das soll doch gesagt werden, ist früher entstanden und gehört zu einer Heimat- und Volksdichtung, die Anerkennung verdient. Und immerhin bleibt, bei allen Vorbehalten gegenüber ihrem Verhalten in der Zeit der nationalsozialistischen Herrschaft, ihr Verdienst die liebevolle Schilderung der Menschen und der Landschaft von Calw und Umgebung.

Zum Beispiel versetzt sie in ihrem Erstlingswerk *Der Mönch von Hirsau* in die Zeit des ausgehenden 12. und beginnenden 13. Jahrhunderts."Vor dem zeitgeschichtlichen Hintergrund schildert sie die politischen Spannungen zwischen dem Kloster Hirsau und den Grafen von Calw. Beeindruckend sind ihre Beschreibungen der Natur und Landschaft des Nagoldtals wie auch die Schilderungen der großen Katastrophen jener Zeit" (Lahmann/Ehnis 2007, 36).

Und dort wo das Tal sich weitet,
Wo der Nagold grüne Wellen
Breiter durch den Forst uns grüßen,
Dort liegt hinter seinen Mauern,
Deren frisch behau'ne Steine
Rötlich schimmern, Kloster Hirsau.
Still im letzten Schein des Abends
Liegt es da, und um die Türme

Seiner Peterskirche huschen
Fledermäuse scheu und lautlos.
(aus: Supper: Der Mönch von Hirsau, 1898).

Der Text, das Buch zeigt: Auguste Supper hat sauber ihren Stoff aufbereitet. Weil sie zunächst keinen Verleger fand, hat sie auch Johannes Hesse, den Vater Hermann Hesses, um sein Urteil gebeten. Das fiel sehr freundlich aus – und gab der Autorin ihr Selbstvertrauen zurück (Lahmann/Ehnis 2007). Ein Beispiel für die vielfältigen Querbeziehung der Intellektuellen in der kleinen Stadt.

Von ihren vielen heimatgeschichtlichen Werken werden manche heute noch gelesen: *Der Mönch von Hirsau* (1898), *Leut* (1907), *Die Mühle im kalten Grund* (1912), *Der Herrensohn* (1916), *Da hinten bei uns – Erzählungen aus dem Schwarzwald* (1905), *Der Gaukler* (1929), der während des Dreißigjährigen Krieges in Calw handelt, und *Die Schwarzwaldgeschichten* (1954).

Auguste Supper übersiedelte nach ihrer Hochzeit 1923 mit ihrem Ehemann nach Ludwigsburg. Dort starb sie im Jahr 1951. Der Nazi-Ideologie blieb sie treu, im Entnazifizierungsverfahren nach dem Ende der nationalsozialistischen Herrschaft wurde sie als „fanatische Nationalsozialistin" eingestuft.

Die Autoren (Werkauswahl):

Stammler, Georg:
Die schöne Heimat. Bilder aus Deutschland. 1915, 1945.
Du und Es. Vom Wesen und von der Gemeinschaft. 1917.
Worte an eine Schar. 1920.
Der Unbekannte. 1929.
Deutsche Sonnenwende. Worte, Lieder, Sprüche am Feuer. 1934
Im Herzschlag der Dinge. Deutsche Bekenntnisse. 1934.
Kampf. Arbeit. Feier. Losungen und Werksprüche fürs Junge Deutschland. 1936.

*Was uns stark macht.*1940.

Streit und Stille. Gedichte. 1940.

Und so gilts denn. 1941.

Nachts unter Sternen. Richtworte und Gedichte. 1962.

Supper, Auguste:
Der Mönch von Hirsau. 1898.

Da hinten bei uns. Erzählungen aus dem Schwarzwald. 1905.

Leut. Schwarzwalderzählungen. 1907, zuletzt 1993.

Herbstlaub. Gedichte. 1912.

Die Mühle im kalten Grund. 1912.

Da hinten bei uns. 1913.

Der Herrensohn. 1916.

Der Gaukler. 1929.

Aus halbvergangenen Tagen. 1937.

Die große Kraft der Eva Auerstein. 1937.

Der Krug des Brenda. 1940.

Schwarzwaldgeschichten. 1954.

10. Exkurs: Die Stadt als literarisches Thema – „Calw im Gedicht"

Vom Mittelhochdeutschen über das Neuhochdeutsche bis ins Schwäbische (Gneiting 1999, 3) reicht die Spanne von Dichtung, die sich mit Calw beschäftigt. **Dietrich Gneiting (geb. 1924)**, gebürtiger Calwer, Dr. jur. der Universität Tübingen des Jahres 1958 und Verwaltungsjurist i.R., ist ein Leben lang begeisterter Calwer mit viel Liebe zur Poesie geblieben, auch als er längst in Stuttgart lebt. Lange Jahre hat er Gedichte gesammelt, die sich mit seiner Heimatstadt befassen, und diese im Jahr 1999 als Band 9 der Kleinen Reihe des Archivs der Stadt Calw als Gedichtesammlung veröffentlicht. Eine wahre Fundgrube für denjenigen, der sich an die „literarische Vermessung der Stadt Calw" gemacht hat.

Geradezu symptomatisch die Erkenntnis Gneitings: „Eines ist deutlich erkennbar: „Eingeborene" (O-Ton Hermann Hesse) finden in der Literatur offensichtlich keinen Stoff für Calw-Gedichte. Wozu denn auch? Sie haben genug anderen! Für Auswärtige hingegen scheint Hesses Werk den Hauptanlass für einen Besuch und damit für ein Gedicht zum Thema Calw zu bilden ... Allen Gedichten, hauptsächlich aber den Gedichten der nicht in Calw geborenen Verfasser, ist eines gemeinsam: Der Blick aufs Stadtbild. Giebel und Fachwerk, die Nikolauskapelle samt der Nagold, das Rathaus mit seinem „dreifach sich schwingenden Speichertor", ja, sogar das Steinhaus. Nicht zu vergessen: Der Wald. „Es drängen Berg und Wald mit Macht herein", heißt es schon 1895. Und rund hundert Jahre später fällt es 1989 einem Marktbesucher auf: „Vom Himmel herunter quillt Wald" (Gneiting, 4).

Eine poetische Raumerkundung der Stadt lässt sich so durchführen bei der Lektüre der Gedichte aus rund 1.000 Jahren über die Stadt; Veränderungen werden dokumentiert, Ereignisse, die das Gesicht der Stadt verändern. Und immer wieder der Dialekt, der die Menschen prägt, mit dem manches ausdrückbarer scheint als mit der Hochsprache.

Der **Minnesänger von Buochein (wahrscheinlich Ritter Albrecht Pilgrim von Buochein, 1220-1282)**, der aus der früher Buchheim genannten Stadt Buchen im Odenwald stammen soll, gilt als Verfasser der

Totenklage um Graf Gottfried III. von Calw:

owe der grozen swaere,
der biderbe Kalwaere
is ze früeje tot,
des lip nach hohen eren streit.
er was ein helt
gar zu erwelt,
vil manhaft und werliche.
sin tot ist mir ze schaden bekannt.
und lebte der tugentriche
die herren müesten deste tiurre sin
in Swaben lant.
(1262)

Neuhochdeutsch:

O weh der großen Schwere:
Der tüchtige Calwer

108

Starb in zu früher Zeit.
Nach hohen Ehren es ihn trieb,
Er war ein Held, gar auserwählt,
Mannhaft und kühn im Streit.
Sein Tod ward mir mit Schmerz bekannt;
Lebte der Tugendreiche noch,
So ehrte umso höher doch
Die Herren dies im Schwabenland.
(Gneiting 1999, 6)

Die Calwer Tuch- und Deckentradition der 1650 gegründeten Calwer „Färber- und Zeughandelscompagnie" beleuchtet der Tübinger Poetik- und Geschichtsprofessor **Erhard Cellius (eigentlich Erhard Horn, geboren 1546 in Zell/Pfalz – 1606 Tübingen)** in seinem Gedicht

Allerley Tuch.
...
Von seinen Webern die Stadt Calw
Besetzet ist vil mehr dann halb.
Man spint, man wibt, man färbt alda
So schön als irgendts anderswa.
...
Mit diesen Wahren könnens bestehn
In Straßburg, Franckfort, Nördlingen:
Mit Wagen, Karrn fährt man dahin
Und haben dessen guten Gwinn.
...
(1603) (Gneiting 1999, 7).

Deutliche Hinweise im Gedicht auf die Bedeutung der Stadt im ausgehenden Mittelalter – man verkehrt in Handelsbeziehungen auf einer Ebene mit Straßburg und Frankfurt, das Weben, das Herstellen von Tuchen, bestimmt den Wohlstand der Stadt. – Dichtung als Zeugnis der Zeitläufte; manchmal mehr als Geschichtsbücher ermöglicht sie uns dies, denn Geschichtsbücher verfolgen oft nur die großen Linien der Herrschenden.

Auch **Johann Valentin Andreä (1586-1654)**, in Calw Dekan von 1620-1639, Förderer von Handel und Schulbildung gleichermaßen und der Verfasser der berühmt gewordenen *Calwer Totenklage* nach der Zerstörung Calws am 10. September 1634, tat sich dichterisch über seine Wahlheimat hervor, *Das Glück von Calw* und *Ich Calw, von Württembergs nicht unberühmten Städten*. Ein Aufruf, die „göttliche Weid" zu ehren, der „Obrigkeit Bescheid" zu hören, redlich zu handeln und zu arbeiten, damit Glück, Ehr und Freud der Stadt bewahrt bleiben. Es blieb nicht so, im September 1634 wurde nahezu die ganze Stadt niedergebrannt –

Jetzt habe ich erlitten durch Feuer, Hunger, Schwert,
Daß ich die Kahle nun mit Recht genennet wird
(Gneiting 1999, 8f.) –,

und er steigert dies in

Ach Gott, vom himmel ...
Ach Gott, vom himmel sieh darein
und laß dich des erbarmen,
daß nunmehr ist staub, asch und stein,
erfüllt mit lauter armen ...

Andreä beklagt, er mahnt, er fordert gottgefälliges Leben ein –

So lern nun, Calw, in solchem Stand,
dich zu deim Gott zu kehren

– und macht sich gleich an den Wiederaufbau. Und er wird zum dauernden Bewahrer, indem er seine Eindrücke niederschreibt.

Wie spannend Zeitläufte sich auch in der Provinz Württembergs gestalten, kann oft aus der Literatur abgelesen werden. Am Revolutionsgeschehen des Jahres 1849 nahmen auch Calwer teil. Einer ist **Karl Friedrich Essig (1819-1875)**, dem das Gedicht *Der Horber Feldzug 1849* zugeschrieben wird, das so beginnt:

Was ist das für eine gerüstete Schar,
Die sich vor dem Rathaus beweget?
Es sind Demokraten, wo treulich und wahr
Sich der Geist der Freiheit gereget ...
(Gneiting 1999, 12);

Essig war Teilnehmer des Feldzugs, dessen markanter Teil auch der „Calwer Rathaussturm" am 23.6.1849 war. „Ziel war die Beschaffung weiterer Gewehre und insbesondere von Munition. ... Neben zwei anderen Mitbürgern wurde auch Karl Friedrich Essig wegen „Teilnahme an einem Auflaufe" zu 7 Monaten Kreisgefängnisstrafe verurteilt" (Gneiting, 63). Es zeigt sich, bewahrt durch die Dichtung über Calw, dass es auch hier frühe Keimzellen der Demokratie gab, Bürger, die aufbegehrten und deren Aktionen in konkretes Handeln mündete. Das aus der Zeit bewahrte Gedicht macht dies anschaulich; Dichtung damit als bewahrende Maßnahme, als geschichtsprägendes Dokument kreativen und selbstbewussten menschlichen Geistes.

Viele Gedichte rühmen die Schönheit von Stadt und Landschaft, wie jenes des Majors a.D. **Philipp Klett (1833-um 1915)**, der von 1885 bis 1912 in Calw lebte und Gedichte schrieb: *Auf dem hohen Felsen. Eine Abendbetrachtung* heißt ein solches, langes Gedicht aus dem Jahr 1885, in dem er schreibt:

Drunten in des Thales Engen
Liegt die Stadt; an steilem Rain
Reckt sie sich hinauf, es drängen
Berg und Wald mit Macht herein.

An den alten Gassen hin
Zieht der Fluß ins Wiesengrün.
(1895) (Gneiting 1999, 15 ff.)

Oder **Hermann Hesse (1877-1962)** in seinem berühmt gewordenen Gedicht *Schwarzwald*, einem der für ihn typischen Sehnsuchtsgedichte an seine alte Kinderheimat Calw:

Seltsam schöne Hügelfluchten,
Dunkle Berge, Helle Matten,
Rote Felsen, braune Schluchten,
Überflort von Tannenschatten!
...
Da die Fernen edler, weicher,
Da die tannenforstbekränzten
Berge seliger und reicher
Mir im Knabenauge glänzten.
(1899-1902) (Gneiting 1999, 18)

Auch **Rudolf Schlichter (1892-1955),** der Maler, hat dichterisch Ausblick auf seine Geburtsstadt genommen, *Calw*:

Beim Anblick deiner alten Häuser Giebel
Tief eingebettet zwischen jähe Wände
Scheint mir die Zeit zu sterben
Und ist gerade so als ob
Erst gestern bang der scheue Knabe
Den ersten schweren Gang zur Schule tat
...
Ach wie beschwört Ihr unvergessnen schwarzen Wälder
Der ersten Jugend quälendes Verlangen
gleich einen dunkel-süßen Zaubernebel her
...

als durch das Schweigen Abertausender von Jahren
Der Wälder hohe Pracht aus schlamm'gem Grunde sproß.
(ca. 1930) (Gneiting 1999, 20)

Bei Schlichter tritt eine andere Spur raumpoetischer Zusammen-hänge zutage: die Verbindung landschaftlicher Charakteristika mit den Prägungen des eigenen Geistes, der seine Entwicklung in dieser Landschaft genommen hat. Schlichter verbindet dies mei-sterhaft, indem er Landschaft das eigene Gemüt ausdrücken lässt; wie zuvor Hesse die Sehnsucht zurück in die Kinderzeit an land-schaftlichen Erinnerungen festmacht.

Einige Gedichte thematisieren Hermann Hesse, und in seinem Gefolge Calw, etwa von Helmut Friedewald (geb. 1926), Martin Pfeifer (1928-1995), Helmuth Richter (1892-1972), Georg Schwarz (1902-1991) oder Dietrich Gneiting selbst (geb. 1924). Ausdruck der Verehrung, die dem Literaturnobelpreisträger des Jahres 1946 entgegengebracht wird, viele Gäste – auch, viel-leicht gerade, Dichter – kommen auf seinen Spuren in seine Kinderheimat Calw, und notieren ihre Gedanken und was sie hier aus den Büchern ihres Dichters wiederfinden.

Noch einige Gedanken über zwei wichtige Gedichte von Vertre-tern der Mundart- oder Dialektdichtung – des schwäbischen Dia-lekts, in dem seit Urzeiten hier im schwäbischen Nordschwarzwald gesprochen wird. *Worom grad des eine Städtle so viel Leut de Kopf verdreht?* fragt die in Calw geborene und immer mit ihrer Stadt verbunden gebliebene Dichterin und Philologin **Anneliese Hölder (1909-1982)**, die über *Das Abenteuerbuch im Spiegel der männlichen Reifezeit. Die Entwicklung des literarischen In-teresses beim männlichen Jugendlichen* im Jahr 1947 an der Uni-versität Tübingen promoviert worden war.

Einerlei, ob Buebe, Mädle,
alles, was hier lauft ond steht,

113

Ond was gar no hier gebore
Hat unweigerlich verlore
An den Flecka Herz ond Sinn,
Ob mer fort ist oder drin.
...
Und dann kommt eine Beschreibung der Heimatstadt, die heime-
lig ist ohne kitschig zu werden, die im besten Sinne Ausdruck der
Herzensheimat darstellt.

Aber fast des Schönst und Best,
wenn e denk an onser Städtle,
War em Frühling 's Kenderfest.
Lang schon vorher richtet d'Mädle
Kränz ond viele bunte Wäge.
D'Bube hent Matrosekräge.
...
(1949) (Gneiting 1999, 49 ff.)

Ein anderer Calwer, **Hubert Schlotterbeck (geb. 1931)**, ver-
fügt über die Gabe, Gedanken und Eindrücke unnachahmlich
präzise und treffend in Dialekt gießen zu können. In seinem Gedicht *Em Schatte vom Calwer Löwe* breitet er die ganze Welt
seiner Kinderzeit vor dem Leser aus, kraftvoll, stark in Bildern
und in den angestoßenen Geschichten.

Spielplätz hen mir koine kennt,
mir sen halt uf der Stroß rom g'rennt.
Mir konnet spiele „Kaiser – Kenich",
weil Verkehr war damals wenich.

Dia braune Johr, die ganze dauset,
hen mir wia Herre drübe g'hauset;
mit Flugmodell on mit Fanfare –

au Schi on Schlitte sen mer g'fahre.
No der war a armseligs Würstle
Der dort verwischt wore isch vom Brüstle.
...
(1981) (Gneiting 1999, 57 ff.)

Fein gezeichnet, die Heimatstadt, mit Spitzen, mit Zügen des schwäbischen Sarkasmus, der im Negieren das Positive zeigt, ja, die eigentliche Liebe zur Sache. Dialektdichtung in ihrer hohen Ausprägung: dort, wo sie schlichtweg notwendig ist, weil die Dichtung in der Hochsprache nicht mehr in der Lage ist, ins Innere vorzudringen.

11. Exkurs: Die Stadt als literarisches Thema – „Hirsau im Spiegel der Literatur"

Heute ist Hirsau ein eher unscheinbarer Ort, und nur wenn man genau hinsieht, erkennt der Besucher die Spuren einstiger Größe. Dieser Größe lässt sich durchaus anhand der literarischen Spuren, die Hirsau hinterlassen hat, nachspüren. Selbstverständlich spielt auch in der Literatur die einst herausragende Bedeutung des Hirsauer Klosters und seiner geistlichen Regenten eine hervorragende Rolle. Der Kenner der Hirsauer Kloster- und Geistesgeschichte, Klaus-Peter Hartmann, hat die Hirsauer Literaturgeschichte durch ein Jahrtausend aufgearbeitet (in: Hartmann 2002, 173).

In einem der lieblichsten Thäler des Schwarzwaldes, das freie Aussichten in Seitenthäler gestattet, zwischen Bergen voll Laubholz, das in malerischen Gruppen sich stellt, lag dieses Kloster, dessen Trümmer von seiner ehemaligen Größe zeugen. Die Legende seiner ersten Stiftung lautet so ... " – so beginnt der schwäbisch-romantische Dichter **Justinus Kerner** 1839 seine Gründungslegende des Klosters Hirsau (in Kerner 1839/1985, 119ff.). Er berichtet von der reichen, frommen Helinzena, der im Traum erschien, wo eine Kirche zu bauen sei, ein Ort, den sie beim heutigen Hirsau fand und wo sie eine Kirche baute und ihr Verwandter, der Graf Erlafried von Calw dann im Jahr 838 das erste Hirsauer Kloster erbaute.

In der Klostergeschichte dann bald einer der ganz Großen der Geistesgeschichte Europas: **Abt Wilhelm**. Ein Sucher, ein kritischer Geist: *Eines Tages begab ich mich nach vollendetem Gottesdienst an einen einsamen Ort, um dort ungestört von außen mich selber mir vor Augen zu stellen und die Eitelkeit dieses elenden Lebens in strenger Erforschung meiner selbst zu erkennen.*

Klaus-Peter Hartmann schreibt: „Wilhelm beschäftigte sich demnach sowohl mit theologischen Themen und Fragestellungen als auch mit Teilen der ‚artes liberales' (Trivium: Grammatik, Rhetorik, Dialektik; Quadrivium: Arithmetik, Geometrie, Musik, Astronomie)" (nach Köhler, Joachim: Politik und Spiritualität, 1991, in: Hartmann 2002, 174).

Im Investiturstreit ergriffen Wilhelm und das Kloster Hirsau eindeutig Partei für den Papst. „Die Sympathisanten der gegnerischen Partei – d.h. der weltlichen Macht um Heinrich IV. – opponierten mit allen zur Verfügung stehenden Mitteln: so beispielsweise auch die Reichsabtei Lorsch. ... Aus dem *Lorscher Codex* ist uns ein Spottgedicht gegen die ‚Hirsauer' um das Jahr 1110 erhalten" (Codex Laureshamensis (1175-1279). Transscriptio privilegiorum, in: Hartmann 2002, 176):

Siehe, da gibt es gar viele, die kühn sich als Mönche gebärden,
‚Hirse-Verzehrer', nach Hirse benannt und höchst würdig
des Namens,
Hausend im Wald, auch die Herzen vom Dickicht des Waldes
umstricket;
Hirsauer Irrlehrer, welche, die Weiten der Lande durcheilend,
Menschen von schlichtem Gemüte durch listige Worte betören.
...
Hirsauer reden zu hören –ist das nicht ein Greuel den Ohren?
Von ihren Taten zu sprechen – wer würde sich dessen nicht
schämen?

Weiterzutragen ihr Lehrwerk – wer wäre so frech und so töricht?
...

...
Hundertmal neigen sie sich, mit den Bärten fast fegend den Boden,
Dass sie für Diener des Herrn möchten halten leichtgläubige
Menschen.
Wahrheit wird ihnen zum Trugbild in trügerisch leerem Gerede,
Leer sind die Herzen und Hirne und leer daher auch ihre Worte.
(Hartmann 2002, 176f.).

Insgesamt 17 Briefe von **Abt Mangegold**, einem der Nachfolger von Wilhelm im Amt des Abtes, an die **Äbtissin Hildegard von Bingen** sind erhalten. Thema: insbesondere disziplinäre Probleme im Kloster. Hildegard mahnt zu Geduld:
Dieser Ort, an dem Du wohnst, gefällt Gott. Und darum pflege die Geduld mit Küssen und Umarmungen und lasse sie nicht fahren! Denn Du hast die Möglichkeit, die Wunden der Menschen zu reinigen. Mit ihr verschaffst Du (Dir) die Leiter zum Himmel.
(aus van Acker et al.: Der Briefwechsel des Benediktinerklosters St. Peter und Paul in Hirsau mit Hildegard von Bingen, 1991, in: Hartmann 2002, 177).

Wilhelm Witwer, Benediktinermönch aus St. Ulrich und Afra in Augsburg, war Hirsauer Besucher im Jahr 1492 (in dem Jahr, als Christoph Kolumbus Amerika entdeckte), und berichtet über ein Epitaph (eine Gedenktafel) für Abt Wilhelm an einem Vierungspfeiler der St. Peter und Pauls Basilika:

Hac in scriptura
Willelme patet tua vita.

—

In dieser Schrift, Wilhelm,
liegt dein Leben jedem Leser offen.
...
(Hartmann 2002,178f.).

Auch **Parsimonius**, der seit 1569 zweite evangelische Hirsauer Abt, berichtet über die *Ausmalung des Sommerrefektoriums von Säuleninschriften* (nach Hartmann 2002): Lobpreis der Hirsauer Äbte, Gründungsherleitung des Klosters, Gedanken zum Namen Hirsau:

Hier erstrahlen die herrlichen Zeichen von Erlafrid,
Der aus strahlendem Geschlecht von Grafen geboren war,
Dem es gefiel, ein früheren Generationen genwärtiges Kloster
gestiftet
Und es mit seinen weltlichen Gütern gefüllt zu haben.
An solchen Bildern also erfreut sich das glückliche Hirsau,
und pflegt seinen Namen von ‚Hirschen' abzuleiten.
In diesem Tal pflegten die munteren Scharen von Hirschen
herumzuziehen
Und sich an blumentragendem Gras zu ernähren.
(aus: Budack, Siegfried: Fünf lateinische Gedichte aus dem Sommerrefektorium im Kloster Hirsau, 1987, in: Hartmann 2002, 180).

Hoch her ging es im Jagdschloss, in dem ab 1586 im südlichen Teil des Klosterareals von Georg Beer und Heinrich Schickhardt errichteten herzoglichen Schloss – „häufig gesellschaftlicher Treffpunkt" fürstlicher und adeliger Gäste, auch bekannt wegen eines „bemerkenswerten Saales, einer besonderen Hängekonstruktion" (Hartmann 2002, 181). Der Hirsauer Klosterschüler **Walch** beschreibt dies in einem Widmungsgedicht aus 1673:

Lasst uns des hängenden Saals gedenken,
Zeugnis gibt dieser dem Künstler vom Fach:
Frei ruht die Last nur auf stützenden Bogen,
Frei sonst von jeglichem festeren Band.
Trittst du nur leicht auf den Boden des Saales,
Gleich fängt derselbe zu schwingen schon an
(aus: Steck, M. Franz Xaver: Das Kloster Hirsau, 1844, in: Hartmann 2002, 182).

Der evangelische Klosterpräzeptor **Johann Ulrich Erhard** hat ebenfalls ein Hirsau-Gedicht hinterlassen:

Auf Hirsau
Einst als Jüngling hat mir dieses Kloster Vorschriften gemacht.
Jetzt sieht es mich als seinen ‚Vorschriftengeber'.
Es ist mein Schicksal, mit den Hirschen ein einsames Leben zu
führen;
Dennoch haben jene ein leichteres Los als ich:
Während ich eingeschlossen bin,
durchstreift dieses freie Völkchen Wiesen und Wälder
Und während ich einsam mein Leben friste,
lieben sie stets das gesellige Leben.
(aus: Erhard, M. Johann Ulrich: Rosetum Parnassium sive poemana varia, 1674, nach: Steck, M. Franz Xaver, 1844, in: Hartmann 2002, 182f.).

Das Kloster Hirsau hatte einst berühmte Glasfenster, die bei der Zerstörung durch den französischen General Mélac im pfälzischen Erbfolgekrieg 1692 mit dem Kloster untergingen. Der Wolfenbütteler Bibliothekar **Gotthold Ephraim Lessing**, der Autor des ‚Nathan des Weisen', beklagt:

Doch warum dieser Ausfall hier? Meine ehemals so schön be-
malte, nun längst zerbrochne Fensterscheiben im Kloster Hirschau,
sind noch lange die Vitrea fracta nicht, die einer solchen
Vertheidigung bedürfen.
(aus: Lessing, Gotthold Ephraim: Zur Geschichte und Litteratur, 1773, in: Hartmann 2002, 183).

Ludwig Uhland hat mit seinem berühmten Gedicht *Die Ulme zu Hirsau* aus dem Jahr 1829 natürlich *das* Hirsau-Gedicht geschrieben, mit dem der Ort noch heute weitbekannt ist.

Zu Hirsau in den Trümmern,
Da wiegt ein Ulmenbaum
Frischgrünend seine Krone
Hoch überm Giebelsaum

...

Weitere Dichter dieser Zeit haben literarische Spuren hinterlassen. **Justinus Kerner** haben wir bereits kennengelernt, auch **Christian Gottlob Barth**, den späteren Leiter des Calwer Verlagsvereins, im Jahr 1836:

Stilles Denkmal längst verstummten Lebens,
Das hier zwischen grünen Tannenwäldern
Aus dem tiefen Tal zu mir heraufschaut;
(aus: Barth, Christian Gottlob: Christoterpe, 1836, in: Hartmann 2002, 184).

Weitere Schreibende könnten erwähnt werden, **Auguste Supper** mit ihrer 1998 veröffentlichten Erzählung *Der Mönch von Hirsau*, die Dichterin, die später ganz der Ideologie der Nationalsozialisten verfiel, natürlich **Hermann Hesse**, der als Kind und Jugendlicher oft auf Sonntagsausflügen mit der Familie nach Hirsau spazierte, und der sich, hoch betagt, erinnert:

... das ... ehrwüdige alte Haus in Hirsau, aus dem meines Vetters Vater sich die zweite Frau, Wilhelms Stiefmutter, geholt hatte, ein großes Haus mit vielen Räumen, deren Mehrzahl man niemals betreten und über deren Bestimmung man als Knabe sich Gedanken gemacht hatte ...
(Hesse, Hermann: Gesammelte Werke in 12 Bänden, Bd. 7, 1970, in: Hartmann 2002, 186).

Auch früher, 1890 zum Beispiel, ist Hirsau Thema eines Gedichts von Hermann Hesse:

Über Hirsau

Rast haltend unter Edeltannen
Besinn ich mich der alten Zeit,
Da in mein erstes Knabenleid
Dieselben Waldesdüfte rannen.
...
Die Zeit ging hin; der Traum ward alt
Und wich von mir. Ein andrer kam –
Wie lang, daß er auch Abschied nahm!
...
(a.a.O., in: Hartmann 2002, 187).

Wie so oft bei Hesse, nimmt er konkrete Orientierungspunkte, um aus ihnen Schlussfolgerungen, Lebenserkenntnisse zu ziehen.

Angekommen fast im Heute – auch der Zeitgenosse **Thaddäus Troll** hat Hirsauer Spuren hinterlassen. Bei einem Besuch der Landesklinik oberhalb Hirsaus kommt er immer wieder in die Basilika des ersten Hirsauer Klosters, die Aurelius-Kirche. Seine Eindrücke spiegelt sein Text:

Wie immer habe ich vorher die Aureliuskapelle besucht, eine kleine frühromantische Kirche, die bis 1953 als Scheune diente und vom damaligen Pfarrer gegen den Willen der Gemeinde entrümpelt, freigelegt und renoviert wurde. Sie ist dunkel, Auge und Seele müssen sich erst daran gewöhnen. ... Die Kapelle ist ein Ort, in dem ich wahrhafte Seelenruhe und wahrhaften Seelenfrieden finde.
(aus: Troll, Thaddäus et al.: Der Tafelspiz, 1979, in: Hartmann 2002, 187).

12. Die poetische Konstruktion einer Stadt
Eine Schlussfolgerung: Über die Kultur der Vernetzung

Geschriebene Werke der schöngeistigen Literatur, aber auch der theologischen und naturwissenschaftlichen – sie entstehen auf Vorangegangenem, sie bewirken Nachfolgendes; eine Basierung auf der Rezeptions- und der Wirkungsästhetik – im Sinne eines kontinuitätsbildenden Dialogs von (literarischen, theologischen, geistes- und naturwissenschaftlichen) Werken und dem Publikum in einem begrenzten Gemeinwesen wie auch darüber hinaus; es wird also versucht, eine empirische Theorie der Identitätsstiftung durch Literatur zu entwickeln: historische Kausalismen schreiten fort und zeigen ästhetische Auswirkungen. Nach dem Zusammentragen der literarischen Werke und ihrer zeitlich-historischen Einordnung wird diesen Auswirkungen nachgegangen. Dabei wird eine Rezeptionskette entwickelt, wobei durch ästhetische Erfahrung das Vergangene fortwährend in seiner Gesamtheit betrachtet wird; damit werden auch Elemente der Traditionsforschung integriert, es wird eine Einordnung in einen Gesamtkanon versucht (sh.: Anz 2007/1, 17f., 20f., und Anz 2007/ 2, 269ff.).

Betrachtet wird die Rezeptions- und Wirkungsgeschichte des einzelnen Werks, des einzelnen Autors, und so die Geschichte der Literatur einer Stadt entwickelt (vgl. Benjamin, 1931: „die Werke des Schrifttums … in der Zeit, da sie entstanden, die Zeit, die sie erkennt – das ist die unsere – zur Darstellung zu bringen"), und

125

dies anhand eines objektivierbaren Bezugssystems, der Stadt, in ihrer historischen Vergegenständlichung. In Betracht gezogen wird auch der Prozess der passiven Rezeption und deren Wandlung in aktive Rezeption und neu hervorgerufene Werkproduktion durch geschaffene, günstige Bedingungen und Nachfrage.

Es wird also im abgegrenzten Raum – der Stadt – Literaturgeschichte im weiteren Sinne (Einbeziehung von theologischen, geistes- und naturwissenschaftlichen Werken) als besondere Geschichte in ihrem Verhältnis zur allgemeinen Geschichte aufgezeigt: die gesellschaftliche Funktion von Literatur als literarische Erfahrungsschaffung beim Leser, die in den Erwartungshorizont des Lesers tritt und sein Weltverständnis präformiert und damit auf sein gesellschaftliches Verhalten wirkt, das wiederum günstige Verhältnisse schafft.

Literatur also nicht in der Funktion einer darstellenden Kunst. Die Kluft zwischen Literatur und Geschichte wird gefüllt durch die Literaturgeschichte – die nicht einfach den Prozess der allgemeinen Geschichte beschreibt, sondern eine die Gesellschaft bildende Funktion aufdeckt. Um mit Foucault zu sprechen, der der Funktion „Autor" zueignet: Der Autor als Aneignungsobjekt – von Elementen, die Geschichte zusammenfügen; der „zuschreibt", also Geschichte „schafft"; und als jemand, durch den bestimmte Ereignisse in einem Werk und dessen Transformation erklärt werden können; und anhand dessen das Prinzip der Einheit im Schreiben dargestellt werden kann.

I.

Betrachtet man die Entwicklungslinien der Geistesgeschichte dieser Stadt, so sind Kontinuitäten zu erkennen; natürlich auch Spiegelungen der Zeitläufte, der Gegebenheiten – besieht man zum Beispiel die Gedichte, die im Lauf der Jahrhunderte über die Stadt geschrieben wurden, so nehmen diese oft Bezug auf das, was hier anzutreffen, was im Wandel ist: der allgegenwärtige Wald,

Fachwerkhäuser, die uralte, steinerne Brücke mit der Kapelle, die nordschwarzwälder Menschen.

Die Besiedlung des Schwarzwaldes dauert kaum mehr als 1.000 Jahre; Kloster Hirsau war also eine frühe Besiedlung. Der Name, der „schwarze Wald", kommt „von der Undurchdringlichkeit und Unwirtlichkeit" (Krüger 1994, 2) des damals noch wilden Urwaldes – der stetige Kampf gegen die Unbilden der Natur „prägt die Menschen des Schwarzwaldes" (a.a.O.).

Aber, wenn man diese 1.000 Jahre Geistesgeschichte vom Jetzt aus, rückblickend, betrachtet, so sind diese doch geprägt von folgenden Entwicklungslinien:

1. Von Männern Gottes und der Kirche,
2. von naturwissenschaftlichen Forschern,
3. von Hermann Hesse – von seinen Vorfahren und seinem Umfeld
4. von Abirrungen – Literaten, die dem Ungeist erlagen.

Dass sich diese Entwicklungslinien nicht isoliert etablierten, gerade nicht jene, die in Hermann Hesse und seinem großen dichterischen Werk kulminierten, sondern sich auf dem Nährboden eines seit Jahrhunderten geistes- und literaturfreundlichen Klimas im Gemeinwesen entwickelten, begünstigt durch einige – gesellschaftliche, soziale, weltaufgeschlossene, pietistisch-zielgerichtete, ja, auch ökonomische – kontinuitäten, wird in diesen langjährigen Zusammenschauen mehrfach deutlich.

„Zu den Charakterzügen literarischer Geistigkeit in ihrer schwäbischen Ausprägung gehört die Nähe zur Philosophie, die Liebe zu spekulativem Denken", schreibt der Kenner schwäbischen Geisteslebens und Hesse-Biograf Bernhard Zeller (in Zeller 2005, 66). Auch er weist auf Querbezüge hin: Literatur - Philosophie – spekulatives Denken, das zuallererst ja auch von ökonomischem Handeln verlangt wird.

II.

Aber zuerst noch einmal einige zusammenfassende Worte zu jeder einzelnen der Entwicklungslinien:

1. Männer Gottes und der Kirche

Das Kloster Hirsau war über Jahrhunderte hinweg ein geistiges Zentrum nicht nur im Süden Deutschlands, sondern mit Strahlkraft in zahlreiche Länder bis hin nach Tschechien oder Norditalien. Geistliche Gelehrte wurden von diesem geistigen Kraftzentrum angezogen, darunter immer wieder auch Ausnahmeerscheinungen wie der große Abt Wilhelm im 11. Jahrhundert, oder der evangelische Abt Parsimonius im 17. Jahrhundert. Die Schriftkultur in jener Zeit war wesentlich in der Geistlichkeit beheimatet, und hier wiederum insbesondere in den geistigen Zentren; dem Hirsauer Kloster war ebenfalls ein Skriptorium angegliedert, wo Bücher kopiert, an andere Klöster weiter gegeben, verbreitet wurden, was wiederum geistig tätige Menschen anzog.

Auch später, ab dem 16., 17. Jahrhundert, war Calw ein Zentrum einer bedeutenden geistlichen Bewegung, des schwäbischen Pietismus. „Lebe, um zu arbeiten. Erfülle deine Pflicht" – das sind Leitsprüche des pietistischen Denkens, und auf diesem geistigen Nährboden entstanden ökonomische, aber auch geistig-literarische, wenn auch insbesondere religiös geprägte, Höchstleistungen.

Ein großer evangelischer Dekan wirkte hier in schwerer Zeit, Johann Valentin Andreä – der hier sogar die Utopie einer Christenstadt romanhaft entwarf, „Christianopolis". Der Calwer Verlagsverein siedelte sich hier an, einer der damals bedeutendsten Verlage für christliche Schriften. Wieder weitreichend wirkende Gelehrte, die diesen Verlag leiteten: Christian Gottlob Barth, Hermann Gundert, Johannes Hesse. Der Name Calws wird über den Verlag in alle Welt hinausgetragen.

Zuerst mag es zufällig aussehen, dass Kloster oder Verlag sich gerade hier in dem engen Tal im Nordschwarzwald ansiedelten. Aber, im Rückblick zeigt sich, die exponierten Vertreter der Geistlichkeit, die auch literarisch-publizistisch wirkten, zeigten sich auch eng verbunden mit dieser weltlichen Heimat. Hirsau, Calw, waren für sie nicht nur Wirkungsorte, sondern sie sahen sich hier hineingestellt in die Welt, und entsprechend ihrem ihr Handeln prägenden christlichen Ethos' bedeutete dies, hier auch nach Kräften zu wirken. So waren diese Männer Gottes und der Kirche immer zu sehen als einerseits hochgebildete geistige Kapazitäten mit Wirkkraft – durch ihre publizistischen Arbeiten weit über die Region hinaus, aber gleichzeitig auch mit der Erde dieser Nordschwarzwälder Heimat eng verbundene, Zeitlichkeit aufnehmende und soziale, ökonomisch, politisch wirkende Verantwortung an den Tag legende Persönlichkeiten mit geistiger Ausstrahlung.

2. Naturwissenschaftliche Forscher

Auffällig auch, für diese kleine Stadt, die Konzentration zu Zeiten von Naturforschern, die bahnbrechende Entdeckungen machten, vor allem im Bereich der Biologie, der pflanzlichen Fortpflanzung. Forscher, die europaweit in Wissenschaftsakademien gewählt wurden, die mit ihren Publikationen die biologische Genetik revolutionierten. Sie fanden nicht nur, sie schufen sich ideale Bedingungen für die Arbeit. Und, sicher, selbst in der provinziell kleinen Stadt fanden sie Akzeptanz für ihre Arbeit. Aber vor allem eines sicherte ihren Erfolg – und damit auch, über Jahrzehnte hinweg, die Tatsache, dass Calw zu etwas wie einem Zentrum der pflanzengenetischen Grundlagenarbeit wurde: die höchst konzentrierte Beharrlichkeit, mit der die Forscher Vater und Sohn Gärtner, Kölreuter, aber auch – in begrenzterem Umfang – Schüz, ihre persönlichen Anliegen und, man darf es sagen, wissenschaftlichen Träume, verfolgten. Beharrlichkeit, vielleicht als Charaktermerkmal aller großen Geister, die über Jahrzehnte Arbeit und auch bei Rückschlägen weitermachen, um das gesteckte Ziel, das sie sich gesetzt haben, zu erreichen. Auch der Mathematiker und Geograph Johann Gottlieb Friedrich Bohnenberger, Grundleger des gesamten modernen Vermessungswesens von Calw ausgehend, ist hierfür ein beredtes Beispiel.

3. Hermann Hesse. Sein Umfeld.

Der Nobelpreisträger des Jahres 1946. Geliebt war er nicht immer in der Stadt seiner Kinderheimat.

In fast jedem seiner Werke hat Hermann Hesse Erinnerungen an seine kleine Geburtsstadt, an die Stadt, in der er aufgewachsen ist, verarbeitet. Manchmal deutlich, wie in dem Calw-Roman „Unterm Rad", oder in den Calwer „Gerbersauer" Erzählungen – Texte, die ausgewiesen hier in Calw spielen. Hesse verarbeitete Erinnerungen, erinnerte Straßenzüge der Stadt, Charakterbilder von Menschen, die ihm aus seiner Jugend her bekannt waren. Er hielt immer Beziehung zu Calw, zu Verwandten, Schulfreunden, er empfing oft, auch im fernen Tessin, Besucher aus seiner Heimatstadt, die ihm berichteten. Andererseits, eine Provinzposse, als in seiner Heimatstadt in den 1950er Jahren das Gymnasium nach dem Namen des berühmten Sohnes und Literaten benannt werden sollte – und, das Kriegsende lag noch nicht lange zurück, Schulkonferenz und Gemeinderat der Stadt ablehnten, zum Teil mit hämischen Kommentaren. Und dies obwohl er schon seit seinem 70. Geburtstag 1947 Ehrenbürger der Stadt war und sich mit rührenden Worten bedankt: *Das schöne alte Calw ist für mich nach wie vor Heimat geblieben. Obwohl ich sowohl durch meine Art von Weltbürgertum wie durch meine Einbürgerung in der Schweiz ihr scheinbar fern gerückt bin ... Wo wir Kinder gewesen sind und die ersten Bilder von Welt und Leben empfangen haben, wo wir sehen, sprechen und denken gelernt haben, da ist unsere Heimat, und ich habe die meine stets in Dankbarkeit geliebt* (Gebauer/Würfele 2005, 147).

Hesse stammt aus einer Theologen- und Missionarsfamilie. Letztlich führt diese Entwicklungslinie der herausragenden evangeli-

130

schen Theologen hin zum exponiertesten Vertreter der Literatur, den die Stadt hervorbringen sollte: Hermann Hesse, aufgewachsen im Umfeld des Calwer Verlagsvereins mit Büchern und beinahe monatlich internationalen Besuchern, unter den Fittichen eines genial sprachbegabten, umfassend gebildeten und geistlicher wie weltlicher Literatur aufgeschlossenen Großvaters.

In Hesse sollten alle diese Linien zusammenfinden und extraponiert Ausdruck finden, in einem weltliterarisch hochbedeutenden Gesamtwerk. In einem Werk, das diese kleine Stadt transportiert, ihre Kleinheit groß macht und gerade in dieser Kleinheit das Große erkennen zu lassen vermag. Letztlich kulminieren Entwicklungslinien des Geistes über Zeiten hinweg in diesem Hermann Hesse und seinem Werk, das ja durchaus in vielem auch missionarischen Charakter in sich trägt: der Frage nachzugehen, ganz im faustischen Sinn, was die Welt hinter dem Vordergründigen zusammenhält, die „Einheit hinter den Gegensätzen", die er in jedem seiner Werke propagiert.

4. Dem Ungeist erlegen.
Was bringt respektable Literaten wie Auguste Supper, wie Georg Stammler, die zuerst durchaus honorige literarische Werke verfasst haben, dazu, dem Geist der Diktatur des Nationalsozialismus zu erliegen, ihr Werk in dessen Dienst zu stellen. Korruption durch Ämter mag ein Grund sein, aber der ist kaum hinreichend. Liest man die Werke gerade dieser beiden auch Calwer Literaten, dann gibt es schon einerseits eine gewisse Faszination dafür, wie realitätsnah z.B. Auguste Supper das Leben Schwarzwälder Bauern beschreibt, mit welcher Beobachtungsgabe sie sich dem kleinen Menschen annähert. Aber gerade hier ist die Kippe zur Blut-und-Boden-Literatur der Nazi-Ideologie schnell erreicht, überschritten. Diese Literaten wurden zu Mitmachern, sie konnten – wie viele andere Intellektuelle in der gleichen Zeit – den Weg heraus aus der Spirale hinein in ein biederes Mitmachertum, gar in ein glühendes Unterstützertum, nicht finden.

Was ist hier zu berücksichtigen? Diese Beispiele scheinen isoliert gesehen werden zu müssen. Hier sind keine Entwicklungslinien erkennbar, die hingeführt haben zu den Literaten, die in die durch das diktatorische Regime geförderte Literatur hineinrutschten. Und so sollen sie auch behandelt werden, als, schlimm genug, singuläre Ereignisse in einer über 1.000jährigen Geistesgeschichte der Stadt, die zwar Bedeutung erlangt haben und nicht verschwiegen werden dürfen, aber doch auch nicht überbewertet werden sollten.

Die poetische, kulturgeschichtliche Konstruktion einer Stadt

I. Von einer Kultur der Vernetzung in einem überschaubaren Gemeinwesen

Eine kleine Stadt, kann man sagen, hier verdichtete sich über die Jahrhunderte hinweg geistiges Schaffen, so dass – aus der Menge heraus – immer wieder auch geistige Höchstleistungen hervorgebracht wurden.

Freilich, Calw ist auch und lange Zeit in erster Linie als Handelsstadt bekannt geworden. Die Calwer Zeughandelscompagnie hatte über Jahrhunderte hinweg Handelsbeziehungen von Holland bis Italien, machte die Stadt zum Zentrum für die Herstellung und den Vertrieb von Tuchen und Decken – die „Calwer Decken" wurden weltbekannt. Die Fabriken der Zeughandlungscompagnie galten sogar, mit 350 Jahren, als ältester Industriebetrieb Württembergs. Dadurch, dass die Anteile an der Compagnie nur über Blutsverwandtschaft weitervererbt werden durften und auch Einheirat von außen praktisch unmöglich war, vermehrte sich das Vermögen unter den Familien der „Compagnie-Verwandten", wie sie genannt wurden, exponentiell. Ökonomischer Erfolg garantiert keine geistige Prosperität, das wissen wir gerade heute nur zu gut, wo diese gesellschaftlichen Größen oft genug weitgehend sich unabhängig von einander gerieren, manchmal auch offen gegeneinander. Aber Reichtum, gepaart mit einem internationalen Netz an Handelsbeziehungen und damit mentaler Offenheit für das Neue, das Fremde, über Jahrhunderte hinweg, die dauernde Notwendigkeit der Reaktion auf ökonomische Herausforderungen, die eingebettet waren in politische, soziale, geistige (Aufklärung!) Umwälzungen, gab auch Möglichkeit für gesellschaftliches, soziales, politisches Engagement. Ein für eine Kleinstadt wie Calw außergewöhnliches, bildungsbürgerliches, gesellschaftliches Leben entwickelte sich, Nährboden für die Akzeptanz, ja Förderung herausragender geistiger Begabungen.

Auch wenn Hermann Hesses Jugendirrungen viel Anlass für Gerede unter Calwer Bürgern gaben, der Sohn des Missionars und Leiters des christlichen Calwer Verlagsvereins ein Tunichtgut, aus der Schule geworfen, mit Mühe in eine Mechanikerlehre gepresst; auch wenn Hesse später in der Nazizeit als Nestbeschmutzer denunziert wurde, wegen seiner Bücher und Artikel, die sich schon im Ersten Weltkrieg, stärker noch in der Diktatur des Nationalsozialismus gegen Nationalismus, gegen geistige Engstirnigkeit richteten, das scheint eher die Ausnahme und wird korrigiert, ist wesentlich den konkreten Zeitläuften und Einflüssen von außerhalb des Gemeinwesens geschuldet, die freilich in dieses hineinwirkten und aufgenommen wurden.

II. Offenheit, Aufgeschlossenheit und Kleinheit – kein Widerspruch

In großen Linien betrachtet, herrschte in Calw und Hirsau eine Offenheit gegenüber Neuem, Anderem, Innovativem – wie in der Wirtschaft (wie hätte sonst dieses Industrieunternehmen über 350 Jahre lang bestehen können, wenn nicht mit ständiger Innovation?). Und das spiegelt auch die Verflechtung, auch in der Welt des Geistes. Wie sonst hätte ein Emil Schüz einen jungen Afrikaner von seiner Bildungsreise in den 1850er Jahren aus Ägypten mitbringen können, um ihn in Calw zum Christenjungen erziehen zu lassen, und er wurde akzeptiert als „Calwer" (Rothfuss, 2000); wie sonst hätten Vater und Sohn Gärtner in ihren Gärten mitten in der Stadt ihre Pflanzenexperimente durchführen können, die einer neuen Vererbungslehre die Bahn brachen? Wie sonst wären die fast wöchentlich aus irgendwelchen exotischen Ländern anreisenden und den greisen Hermann Gundert besuchenden Missionare mit ihren fremden, skurrilen Geschenken aus allen möglichen Ländern nicht Normalität gewesen in dieser kleinen Stadt?

Das Beispiel „Calw" zeigt: Kleinheit und Offenheit für Neues, Provinz und Weltläufigkeit, müssen sich nicht ausschließen. Wichtig war das Zusammenkommen von wirtschaftlicher Prosperität mit geistiger Offenheit, ein Klima der Vernetzung von Wirtschaft, Bildung, Wissenschaft und Kunst, Literatur. Und hierfür sind die Voraussetzungen in kleinen Gemeinwesen oft sogar besser, vorausgesetzt einige Weichen sind entsprechend vorteilhaft gestellt, sodass es eine Wertigkeit, eine Wertschätzung der Gruppen untereinander gibt; und dies war über die Zeiten hinweg in Calw, von Ausnahmen z.B. während des Dritten Reiches abgesehen, der Fall. Tradition spielt eine Rolle, wie die lang währende Bedeutung von Kirche und kirchlichen Ämtern in der Stadt, von der großen Geschichte des Klosters Hirsau mit bedeutenden und über Calw hinaus wirkenden katholischen und nach der Reformation evangelischen Äbten bis hin zu evangelischen Dekanen in Calw, die nicht bloß große Zeitzeugen, sondern auch christliche Utopisten und konkrete Helfer in der Not waren.

Die Verschränkung von Kompetenzen über Grenzen hinweg, des kaufmännischen, des handwerklichen, ja des bäuerischen Könnens, des Wissens der Geistlichkeit, der Naturwissenschaftler, der Künstler und der Literaten, und deren gegenseitige Akzeptanz ist eine deutliche Entwicklungslinie in dieser kleinen Stadt. Vielleicht konnten so immer wieder geistige Höchstleistungen generiert werden.

Beispiel Hesse. Seine Vorfahren kommen väterlicherseits aus dem Baltikum, hoch angesehene und geehrte Mitglieder der Bürgerschaft, der Großvater Carl Hermann Hesse ein weit bekannter

Arzt, Mitglied der baltendeutschen Gemeinde. Von der Seite der Mutter kommen die Vorfahren aus dem Schwäbisch-Württembergischen und aus der französischen Schweiz. Weltoffenheit war bei dieser Familiengeschichte angelegt, auch die Neugier auf das nur scheinbar Fremde. Und diese Familiengeschichten treffen sich im Großvater Hermann Gundert, im Vater Johannes Hesse und in der Mutter Marie Hesse geb. Gundert im Städtchen Calw, in das Hermann Hesse hineingeboren wird. Auch hier sind die Familien Hesse und Gundert hoch geehrte Mitglieder der Bürgerschaft, als Theologen und welterfahrene Missionare – die Mutter Hesses war gar im südindischen Talatscheri geboren – anerkannt, ihre Meinung wurde gehört, von Intellektuellen wie einfachen Bürgern. Hermann Hesse nun, der Junge, wächst ganz normal mit den anderen Gassenjungen der Stadt auf, fischt in der Nagold, fährt auf den Holzflößen des Schwarzwalds mit, strolcht im nahen Schwarzwald herum, soll gar an einer Brandstiftung in der Stadt beteiligt gewesen sein.

Diese Verschränkung der verschiedenen Realitäten in der Kleinstadt, das Ineinandergreifen von gesellschaftlichen Ebenen, scheint ein wirksamer Nährboden für immer wieder heraufscheinende geistige Leistungen darzustellen.

Insofern kann dieses Calw Modell sein über die Zeiten hinweg, durchaus auch für das Heute – zu erkennen, wie wichtig für ein Gemeinwesen das Interesse der gesellschaftlichen Gruppen aneinander ist; ja, sogar die Verschränkung, auch das Reiben aneinander, aber geprägt vom gegenseitigen Interesse; dann gewinnt ein Gemeinwesen, eine Stadt, Kontur; dann, aus dem gegenseitigen Interesse, aus der Reibung der gesellschaftlichen Gruppen aneinander heraus, entsteht Kreatives, dauerhaft Wirkendes – wie in Hesses gesamtem literarischem Werk, von dem jedes einzelne Buch Zeugnis der Erinnerung, der Sehnsucht zurück in die alte Kinderheimat ist.

III. Die kulturgeschichtliche Konstruktion einer Stadt.

Die kulturgeschichtliche Konstruktion einer Stadt. Poetik dabei durchaus im weiten, aristotelischen Sinn, weil auch Literatur und kultureller Geist nicht singulär existieren, zumal nicht in einem Gemeinwesen, in dem vielerlei Abhängigkeiten zwischen Gesellschaft, großer und kleiner Politik, Ökonomie, Kirche und Gesellschaft herrschen, in dem diese sich durchdringen und Akteure durchaus meist in mehreren gesellschaftlichen Feldern, zeitversetzt oder gleichzeitig, aktiv sind.

Poetik und deren Entstehung, und wenn man diese in den Zusammenhängen von eintausend Jahren Geistes- und Kulturgeschichte sieht, als quasi „literarische Vermessung einer Stadt", die uns ein anderes Bild aufzeigt als das der „sichtbaren", der von Architektur, geplantem menschlichen Handeln nachvollziehbaren Stadt, das sie aber nicht weniger prägt, auf jeden Fall aber die Einstellung, die Sicht auf die Stadt verändert.

Die literarische Vermessung, die poetische Konstruktion einer Stadt verdeutlicht die Wichtigkeit der Voraussetzungen ökonomische Grundlegung, gesellschaftliche Wertschätzung und Vernetzung der Akteure und gegenseitige Neugier wie auch Offenheit für die Aufnahme von Neuem und Fremdem von außen. Dann kann es auch überschaubaren Gemeinwesen gelingen, aus diesen Querbezügen heraus unerwartetes entstehen zu lassen. Weithin sichtbar Ausdruck findet dies in der kleinen Stadt an einem ihrer zentralen Gebäude, dem Georgenäum, einem der ältesten deutschen Volksbildungshäuser. „An seiner Außenfront stehen die lebensgroßen Standbilder von Friedrich Schiller und Friedrich List als Symbole für das Zusammengehören und Aufeinanderangewiesensein von Wirtschaft und Geisteskraft in unserer Kultur" (Bran 1985, 14).
Dann gelingt die geistige Vermessung dieser Stadt auch über 1.000 Jahre hinweg und verdeutlicht deren Ergebnis, das Ineinander-

wirken von kreativem, kunstgeprägtem Geist, forschender Neugier und ökonomischem Erfolg als wesentliche Bestandteile einer unverzichtbaren Qualität des Lebens im geschichtlichen und geistigen Zusammenhang, der jeden einzelnen, der sich in die Zeitabläufe hineingestellt sieht, und sein Leben bereichert.

Literatur:

(Hier wird die zitierte Literatur gelistet; originäre Werke der behandelten Autoren sh. nach jedem einzelnen Kapitel).

Anz, Thomas: *Handbuch Literaturwissenschaft Band 1 - Gegenstände und Grundbegriffe* (Anz 2007/1), Stuttgart: J.B. Metzler Verlag, 2007

Anz, Thomas: *Handbuch Literaturwissenschaft Band 2 - Methoden und Theorien* (Anz 2007/2), Stuttgart:J.B. Metzler Verlag, 2007

Benjamin, Walter: *Literaturgeschichte und Literaturwissenschaft (1931)*, in: *Gesammelte Schriften III*, hg. von Hella Tiedemann-Bartels, Frankfurt: Suhrkamp Verlag 1972, S. 288ff.

Bergold, Albrecht u.a. (Hrsg.): *Kerner – Uhland – Mörike. Schwäbische Dichtung im 19. Jahrhundert.* Marbach a.N.: Deutsche Schillergesellschaft 1980 (Marbacher Kataloge Nr. 34).

Betz, Hans Dieter u.a. (Hrsg.): *Religion in Geschichte und Gegenwart (RGG 4). Handwörterbuch für Theologie- und Religionswissenschaft.* Tübingen: Mohr Siebeck 1998 ff.

Biografisch-bibliografisches Kirchenlexikon (BBLK). Im Internet unter www.bautz.de/bbkl/.

Böhmer, Gunter: *Gunter Böhmer – Der Maler Gunter Böhmer im Tessin.* Thorbecke, Sigmaringen 1991.

Böhmer, Gunter: *Gunter Böhmer – 1911 Dresden – 1986 Montagnola.* Galerie Schlichtenmaier, Grafenau 1991.

Böhmer, Gunter: Gunter Böhmer. Erster Einblick. Galerie der Stadt Calw: Calw 2001.

Bran, Friedrich: *Ein Jahrtausend Kulturtradition im Nordschwarzwald.* Bad Liebenzell: Gengenbach 1985.

Bran, Friedrich: *Andreäs Wirkung bis zur Gegenwart.* In: Johann Valentin Andreä 1586-1654. *Leben, Werk und Wirkung eines universalen Geistes. Ausstellung.* Bad Liebenzell: Gengenbach 1986.

Bran, Friedrich / Pfeifer Martin (Hrsg.): Hermann Hesses *Glasperlenspiel.* Bad Liebenzell: Gengenbach 1987.

Brecht, Bertold: *Furcht und Elend des Dritten Reiches.* Erweiterte Ausgabe. Frakfurt/Main: Suhrkamp 1998 (Bibliothek Suhrkamp 1271).

Ebert, Sabine: *Brücken über 500 Jahre hinweg – Der Calwer Universalgelehrte Ulrich Rülein in Freiberg.* In: Der Landkreis Calw – Ein Jahrbuch. Bd. 9. Calw: Landratsamt Calw 1991, S. 9-17.

Ehmer, Hermann: *Friedrich Christoph Oetinger. Theosoph und Pfarrer in Hrisau.* In: Jahrbuch des Landkreises Calw, Calw: Landkreis Calw 2005, S. 188-196.

Fiedler, Andreas / Kupper, Heidi / Soldini, Alessandro: *Gunter Böhmer. Bilder von inneren und äußeren Landschaften.* Fiolia edizioni d'arte, Lugano 2001.

Gebauer, Hellmut J.: *Notabilia Calvensia. Bemerkenswertes aus Calw. Theodor Seybold, 1880-1956, Familien- und Heimatforscher, Calw:* Große Kreisstadt Calw 2003 (Archiv der Stadt Calw. Kleine Reihe 15).

Gebauer, Hellmut J. / Würfele, Hartmut: *Bedeutende Frauen und Männer* (Geschichte einer Stadt), Calw: Große Kreisstadt Calw – Stadtarchiv 2005.

Gneiting, Dietrich (Hrsg.): *Calw im Gedicht. Eine Sammlung.* Calw: Archiv der Stadt Calw 1999 (Kleine Reihe 9).

Golinski, Hans Günter: *Kurt Weinhold – Sinnbildschaffende Malerei des 20. Jahrhunderts in Deutschland.* Essen: Die blaue Eule 1985.

Graepel, Peter Hartwig: *Die Gärtner-Gedenkstätte im Museum der Stadt Calw.* Calw: Große Kreisstadt Calw 1991 (Museum der Stadt Calw. Kleine Reihe 3).

Greiner, Siegfried: *Hermann Hesse. Jugend in Calw.* Sigmaringen: Theiss 1981.

Greiner, Siegfried: *Hirsau II (Geschichte einer Stadt)*, Calw: Große Kreis stadt Calw – Stadtarchiv 2006.

Gunter-Böhmer-Stiftung (Schweiz). Im Internet unter: www.gunter-boehmer.com.

Gutekunst, Eberhard: *Das Genie der Freundschaft.* In: Johann Valentin Andreä: *1586-1654. Leben, Werk und Wirkung eines universalen Geistes.* (Katalog zur Ausstellung zum 400. Geburtstag, Calw, 14. September bis 31. Oktober 1986), Bad Liebenzell: Gengenbach 1986.

Gutekunst, Eberhard: *Schulzeit und Studienjahre.* In: Johann Valentin Andreä: *1586-1654. Leben, Werk und Wirkung eines universalen Geistes.* (Katalog zur Ausstellung zum 400. Geburtstag, Calw, 14. September bis 31. Oktober 1986), Bad Liebenzell: Gengenbach 1986/1.

Hartmann, Klaus-Peter: *Hirsau im Spiegel der Literatur.* In: Jahrbuch des Landkreises Calw, Calw: Landkreis Calw 2002.

Heißerer, Dirk: *Rudolf Schlichter in Calw.* Deutsche Schillergesellschaft (Spuren 33), Marbach a.M. 1998, S.173-190.

Hesse, Hermann: *Meine Kindheit.* In: *Hinterlassene Schriften und Gedichte von Hermann Lauscher*, 1901.

Hesse, Hermann: *Gerbersau.* 2 Bände. Hrsg. von Ernst Rheinwald und Otto Hartmann. Tübingen: Wunderlich 1949

140

Hesse, Hermann: *Sämtliche Werke in 20 Bänden*. Hrsg. von Volker Michels. Frankfurt/Main: Suhrkamp 2000ff.

Hesse, Hermann: *Kindheit eines Zauberers*. In: Hesse, Hermann: *Sämtliche Werke*. Band 9, S. 176f. Frankfurt/Main: Suhrkamp 2002.

Hesse, Hermann: *Buchnotiz zu Worte an eine Schar von Georg Stammler*. In: Vivos voco. *Eine deutsche Monatsschrift*. Bern und Leipzig, April/Mai 1920. In: Hesse, Hermann: *Sämtliche Werke*, Frankfurt/Main: Suhrkamp 2002, Band 18, S. 157.

Hindelang, Eduard: *Der Maler Gunter Böhmer im Tessin*. Sigmaringen: Thorbecke 1991.

Klemm, M. / Baumann, E. / Sindlinger, K.: *Prof. Johann Gottlieb Bohnenberger (1765-1831)*, Calw: Selbstverlag C.A.L.W. e.V. 2009.

König, Hans Elmar: *Ein Calwer Kaufmannssohn schreibt Geschichte – Der Historiker Christoph Friedrich von Stälin*. In: *Der Landkreis Calw – Ein Jahrbuch*. Bd. 15. Calw: Landratsamt Calw 1997, S. 136-145.

Krüger, Rüdiger: *Über Leben und Überleben im Schwarzwald*. In: Programm heft zu „*Schwarzwaldmädel*", Stadttheater Bremerhaven 20/1993-94, S. 2-10, auch www.ics-krueger.de/schwarzwald.htm (29.3.2011)

Kuhn, Dorothea (Hrsg.): *Cotta und das 19. Jahrhundert. Aus der literari schen Arbeit eines Verlages*. Marbach a.N.: Deutsche Schillergesellschaft 1980 (Marbacher Kataloge Nr. 35).

Lahmann, Martina (Hrsg.): *Der Calwer Verlagsverein. Literatur aus Calw für alle Welt*. Calw: Palais Vischer – Museum der Stadt Calw 1999 (Kleine Reihe 8).

Lahmann, Martina / Ehnis, Beate / Ferchl, Irene (Hrsg.): *Frauenwege durch Calw. Spaziergänge und Lebensgeschichten*. Calw: Projektgruppe „Frauengeschichte in Calw" und Große Kreisstadt Calw 2002.

Lahmann, Martina / Ehnis, Beate (Hrsg.): *Frauenwege durch Hirsau. Spaziergänge und Lebensgeschichten*. Calw: Projektgruppe „Frauengeschichte in Calw" und Große Kreisstadt Calw 2007.

Lahmann, Martina: *Calw. Kulturgeschichte II (Geschichte einer Stadt)*. Calw: Große Kreisstadt Calw – Stadtarchiv 2008.

Michel, Hanspeter: *Dr. Hermann Gundert – Missionar, Sprachforscher und Verleger. In: Der Landkreis Calw – Ein Jahrbuch. Bd. 11*. Calw: Landratsamt Calw 1993, S. 133-149.

Michels, Volker (Hrsg.): *Hermann Hesse. Sein Leben in Bildern und Texten*. Frankfurt a.M.: Suhrkamp 1979.

Molitor, Stephan: *Der „Codes Hirsaugiensis". Eine zentrale Quelle für die Geschichte Südwestdeutschlands im Hochmittelalter*. In: *Jahrbuch des Landkreises Calw*, Calw: Landkreis Calw 2004, S. 181-193.

Neumüllers-Klauser, Renate: *Abt Johannes Parsimonius von Hirsau.* In: *Der Landkreis Calw – Ein Jahrbuch. Bd. 8.* Calw: Landratsamt Calw 1990, S. 81-100.

Neumüllers-Klauser, Renate: *Quellen zur Bau- und Kunstgeschichte von Hirsau.* In: *Hirsau St. Peter und Paul 1091-1991, Teil II: Geschichte, Lebens- und Verfassungsformen eines Reformationsklosters,* hrsg. vom Landesdenkmalamt Baden-Württemberg, bearbeitet von Klaus Schreiner. Stuttgart 1991.

Oberhauser Gabriele und Fred: *Literarischer Führer durch Deutschland. Ein Insel-Reiselexikon für die alten Bundesländer und Berlin.* Frankfurt/Main: Insel 1983 (insel taschenbuch 527).

Pfäfflin, Friedrich u.a. (Hrsg.): *Hermann Hesse 1877-1977. Stationen seines Lebens, des Werkes und seiner Wirkung.* Marbach a.N.: Deutsche Schillergesellschaft 1977 (Marbacher Kataloge Nr. 28).

Pfeiffer, Günter (Hrsg.): *Der Kreis Calw.* Stuttgart: Theiss 1986 (zuerst 1979).

Pongs, Hermann: *Lexikon der Weltliteratur.* Wiesbaden: Englisch 1984.

Rathgeber, Paul: *ABC – Autoren-Bücher-Calw.* Texte zur Ausstellung im Palais Vischer. Calw, bei den Baden-Württembergischen Literaturtagen im September 1998 (Manuskript).

Rathgeber, Paul u.a. (Hrsg.): *1693. Katalog zur Ausstellung.* 1993.

Raupp, Werner: *Christian Gottlob Barth.* Stuttgart: Calwer Verlag 1998.

Reist, Hugo: *Johann Gottlieb Friedrich von Bohnenberger. Gedanken zum 200. Geburtstag.* In: *Allgemeine Vermessungsnachrichten,* Jahrgang 72, Heft 6, 1965.

Rogge, Heiko (Hrsg.): *Richard Ziegler – Bilderwelt. Calw:* Kreissparkasse Calw 1991.

Rogge, Heiko / Elsässer, Cornelie: *Bilderbogen. Pforzheim:* Stadt Pforzheim 1991.

Rogge, Heiko (Hrsg.): *Gunter Böhmer in Calw.* Calw: Gunter Böhmer Stiftung Calw 1993 (Kleine Reihe 4).

Rothfuss, Uli (Hrsg.): *Erinnerungen der Söhne an ihren Vater Hermann Hesse.* Calw: Kreissparkasse Calw 1989, 1992/2, 1995/3.

Rothfuss, Uli: *Hermann Hesse privat.* Berlin: edition q im Quintessenz Verlag 1992, 1997/2.

Rothfuss, Uli (Hrsg.): *Rudolf Schlichter.* Calw: Kreissparkasse Calw 1991.

Rothfuss, Uli: *Auguste Supper.* In: *Der Landkreis Calw – Ein Jahrbuch.* Bd. 10. Calw: Landratsamt Calw 1992.

Rothfuss, Uli: *Daud. Ein „schwäbischer Neger" im Schwarzwald. Tübingen:* Silberburg Verlag 2000.

Rothfuss, Uli: *Dichter, Lehrer, Kommunist: Hanns Vogts lebte von 1939 bis 1955 in Calw und Wildbad.* In: *Der Landkreis Calw – Ein Jahrbuch. Bd. 19. Calw:* Landratsamt Calw 2001.

Schäfer, Gerhard: *Johann Valentin Andreä.* In: *Der Landkreis Calw – Ein Jahrbuch.* Calw: Landratsamt Calw 1984.

Schäfer, Gerhard: *Der Calwer Verlag 1836-1986.* Sonderdruck aus: Blätter für Württembergische Kirchengeschichte 1986.

Schlichter, Rudolf: *Kleine Stadt.* Calw. Aus einer ungedruckten Selbstbiografie. In: Das Kunstblatt Dez. 1928, 12. Jahrgang, Heft 12, S. 373-378.

Schlichter, Rudolf: *Das widerspenstige Fleisch.* Roman. Berlin: Rowohlt Verlag 1931.

Schnierle-Lutz, Herbert: *Calw. Hermann Hesses Gerbersau. Mit stadtge schichtlichen Fotos und Erläuterungen.* Calw: Große Kreisstadt Calw – Stadtarchiv 2007.

Schnierle-Lutz, Herbert: *Calw. Kulturgeschichte I. Kunst, Wissenschaft und Brauchtum (Geschichte einer Stadt).* Calw: Große Kreisstadt Calw – Stadtarchiv 2008.

Schreiner, Klaus (Hrsg.): *Hirsau. St. Peter und Paul 1091 bis 1991.* Stuttgart: Theiss 1991.

Schubart, Christian Daniel Friedrich: *Schubart's Leben und Gesinnungen. Von ihm selbst, im Kerker aufgesetzt.* Stuttgart 1791.

Schultis, Joachim Bernhard: *Wilhelm von Hirsau (um 1030-1091).* In: *Zerr, Herbert: Der Kreis Calw.* Stuttgart/Aalen: Theiss 1986, S. 159-160.

Sulzer, Dieter / Volke, Werner (Hrsg.): *Wieland – Schubart.* Marbach a.N.: Deutsche Schillergesellschaft 1980 (Marbacher Kataloge Nr. 31).

Supper, Auguste: *Aus halbvergangenen Tagen. Erinnerungen.* München: J. F. Lehmann 1937.

Unteutsch, Barbara: *Vom Sohlbergkreis zur Gruppe Collaboration: ein Beitrag zur Geschichte der deutsch-französischen Behiehungen anhand der Cahiers franco-allemands/Deutsch-Französische Monatshefte,* Münster: Kleinheinrich 1990.

Urban, Wolfgang: *Wilhelm von Hirsau. Stuttgart:* Schwabenverlag 1991.

Walk, Ansgar: *Gunter Böhmer. Mit den Augen eines Freundes und Sammlers gesehen.* Bielefeld: Pendragon 1998.

Weinhold, Kurt: *Kurt Weinhold. Zum 100. Geburtstag.* Calw/Grafenau: Galerie der Stadt Calw / Galerie Schlichtenmaier 1996.

Zeller, Bernhard: *Hermann Hesse.* Hamburg: Rowohlt Verlag 1961. Rowohlts Monographien rm 85.

Zeller, Bernhard u.a. (Hrsg.): *Friedrich Schiller. Eine Dokumentation in Bildern.* Frankfurt/Main: Insel 1984/3.

Zeller, Bernhard / Scheffler Walter (Hrsg.): *Literatur im deutschen Südwesten.* Stuttgart: Theiss 1987.

Zeller, Bernhard: *Schwäbischer Parnass. Ein Streifzug durch die Literaturgeschichte Württembergs.* Tübingen: Silberburg 2005.

Ziegler, Richard: *Richard Ziegler*, Grafenau: Galerie Schlichtenmaier 1988.

Ziegler, Richard: *Und das Herz schwer wie Stein. Deutscher Herbst 1948 – Tagebuch einer Wiederbegegnung.* Kreissparkasse Calw, Calw 1995.

Inhaltsverzeichnis

Das Hermann-Hesse-Kolleg
Internationales Institut für Sprache und kulturelle Zusammenarbeit
in Horb am Neckar

1. Hermann Hesse als Ideengeber
Hermann Hesse, 1877 in Calw geboren, unser Motiv, pädagogisches
Vorbild und Orientierung in vielfältiger Hinsicht:

„Werde, der du bist", ist die zentrale Botschaft Hermann Hesses,
ausdrücklich an den jungen Menschen gerichtet, der aus der Kindheit
in die schwierige Zeit der Jugend und des jungen Erwachsenenseins
eintritt, einer Zeit voller Widersprüche, Hoffnungen und Fragen.
Wer es wünscht und zulässt, dem ist Hermann Hesse ein
faszinierender Freund, der auch den Blick in andere Welten, in fremde
Umgebungen und Kulturen wagt und so vergleichend nicht nur das
fremde sondern auch das eigene Denken und Handeln besser zu
verstehen versucht.

Moderner Fremdsprachenunterricht ist didaktisch an kultur-
kontrastivem Lernen ausgerichtet und will Sprache in möglichst
vielen Dimensionen darstellen. Hermann Hesse hat sich sein Leben
lang um das Erlernen dieses „Werkzeugs Sprache" bemüht.
Wir bemühen uns, das Lehren und Lernen der deutschen Sprache im
Sinne Hesses als persönlichkeitsbildende und bereichernde Erfahrung
zu betrachten.

2. Exkursionen
Wir veranstalten jeden Samstag eine Ganztagsexkursion in eine
baden-württembergische Stadt bzw. zu einer kulturell interessanten
Lokalität – nach Heidelberg, Calw, Konstanz, Freiburg, Stuttgart,
Tübingen, um nur einige zu nennen.

3. Praktika in baden-württembergischen Unternehmen
Als eine von sehr wenigen Sprachschulen Deutschlands bieten wir
für interessierte Schüler Praktika an. Sie werden nach einem mindestens achtwöchigen Sprachkurs in aller Regel in einem Betrieb im
Land durchgeführt. Auf diese Weise können sich unsere Schüler

von der wirtschaftlichen Leistung des Landes sozusagen persönlich überzeugen. Einige davon konnten in ihrem Heimatland aufgrund wirtschaftlicher Beziehungen im entsprechenden Unternehmen einen Arbeitsplatz erhalten.

4. Unterbringung in Gastfamilien

Horb mit seiner historisch bedingten Aufteilung in viele Teilgemeinden, die wie Satelliten um die Kernstadt angeordnet sind, erhält auf diese Weise überwiegend dörflichen, ländlichen Charakter. Seit Gründung des Kollegs im Jahr 1993 freuen wir uns über die überaus freundliche Unterstützung durch die Gastfamilien. Unsere Schüler mögen nicht nur die Natur, die frische Luft und die Ruhe, sondern auch das Interesse, die Herzlichkeit und Gastfreundschaft, die man vielleicht gerade im ländlichen Raum noch am ehesten antrifft. Dieses Konzept bürgt für ein vernünftiges Maß an sozialer Integration und bewussten interkulturellen Lernens. Auf diese Weise treffen die Schüler auf die Traditionen des Landes und gleichzeitig auch auf das moderne Baden-Württemberg, das gerade für viele ausländische Schüler eine vorzeigbare, vergleichsweise flächendeckend moderne Infrastruktur aufweist.

5. Zusammenarbeit im Rahmen universitärer Austauschprogramme des Landes

Wir führen seit vielen Jahren mit großem Erfolg den linguistischen und sozial-integrativen Vorbereitungskurs für Studenten aus zahlreichen Ländern durch. Nach Abschluss dieses landeskundlich orientierten Intensivsprachkurses mit Gastfamilienunterbringung verbringen die Studenten ein bis zwei Semester an Hochschulen und Universitäten des Landes Baden-Württemberg.

Hermann-Hesse-Kolleg für Sprache und kulturelle Zusammenarbeit

An-Institut der staatlich anerkannten IB-Hochschule Berlin

Hirschgasse 8, 72160 Horb a.N., Tel. +49 7451 60971

www.hermann-hesse-kolleg.de